UMA MENSAGEM DE ESPERANÇA

Tom Michell

UMA MENSAGEM DE ESPERANÇA

O que aprendi com um pinguim

Tradução de
MARCIA FRAZÃO

BICICLETA AMARELA
ROCCO

Título original
THE PENGUIN LESSONS

Primeira publicação na Grã-Bretanha em 2015

Copyright © Tom Michell, 2015
Copyright das ilustrações © Neil Baker, 2015

O direito moral do autor foi assegurado. Todos os direitos reservados.

Extratos de 'The Road Not Taken' by Robert Frost de *The Poetry of Robert Frost*,
publicado por Jonathan Cape. Reproduzido com autorização da Random House Group Limited.

Extrato de *The Hobbit by* J. R. R. Tolkien
Copyright © The Tolkien Estate Limited, 1937, 1965.

O direito moral dos detentores dos direitos foi assegurado.

Este livro é baseado nas memórias do autor e recordações de acontecimentos.
Entretanto, nomes e características que possam identificar certos indivíduos foram alterados,
a fim de proteger a privacidade deles, e diálogos, personagens e incidentes foram
reconstruídos das lembranças do autor para melhor transmitir sua história.

BICICLETA AMARELA
O selo de bem-estar da Editora Rocco Ltda.

Direitos para a língua portuguesa reservados
com exclusividade para o Brasil à
EDITORA ROCCO LTDA.
Av. Presidente Wilson, 231 – 8º andar
20030-021 – Rio de Janeiro – RJ
Tel.: (21) 3525-2000 – Fax: (21) 3525-2001
rocco@rocco.com.br
www.rocco.com.br

Printed in Brazil / Impresso no Brasil

preparação de originais
CHRISTIANE SIMYSS

CIP-Brasil. Catalogação na fonte.
Sindicato Nacional dos Editores de Livros, RJ.

M57m	Michell, Tom
	Uma mensagem de esperança: o que aprendi com um pinguim / Tom Michell; tradução de Marcia Frazão. – 1ª ed. – Rio de Janeiro: Bicicleta Amarela, 2016.
	Tradução de: The penguin lessons. ISBN 978-85-68696-31-6 (brochura) ISBN 978-85-68696-33-0 (e-book)
	1. Michell, Tom – Narrativas pessoais. 2. Autobiografia. I. Frazão, Marcia. II. Título.
16-34096	CDD–920.71 CDU–929-055.1

SUMÁRIO

Prólogo 9
1. Peguei um pinguim 13
2. Pinguins-de-magalhães 24
3. Hora do banho 27
4. Alerta de tempestade para as Falklands 46
5. Estranhos costumes 58
6. Você deveria pescar 79
7. Escada acima, escada abaixo 92
8. Novos amigos 108
9. Tesouro valioso 114
10. Conversa no terraço 124
11. Uma visita ao zoológico 130
12. Mascote 145
13. Uma visita à casa de Maria 160
14. Louco por pinguins 171
15. A busca por *El Dorado* 189
16. "Posso nadar?" 208
17. E todos viveram felizes... 225
18. Reflexões de Afar 234

Epílogo 241

Agradecimentos 255

Para W., A., M. e C.

Prólogo

Quando menino, durante a década de 1950, se me dissessem que um dia minha vida correria paralela à de um pinguim, ou que, pelo menos por um tempo, seríamos nós dois contra o mundo, eu teria levado isso em conta. Afinal, mamãe cuidara de três jacarés na casa em Esher, até que eles cresceram e se tornaram muito perigosos para uma cidade pacata, de modo que os tratadores do zoológico de Chessington tiveram de removê-los. Embora não tivesse planejado cuidar de jacarés na casa em Esher, mamãe viveu em Cingapura até os 16 anos e, antes de retornar à Inglaterra, acabou ganhando três ovos de sua melhor amiga, numa terna e chorosa despedida. Claro, os ovos chocaram na cabine do navio durante a longa viagem e, claro, ela os levou para casa. Alguns anos depois, quando se sentia melancólica, ela comentava que aquele presente criativo talvez fosse a lembrança mais duradoura que já recebera.

Eu conhecia bem os animais selvagens e domésticos. E a educação rural que recebia me assegurava uma visão realista da vida. Mas, embora conhecesse o destino das raposas e do gado da fazenda, minha experiência com animais exóticos se limitava aos zoológicos e à minha imaginação. Eu e a Walt Disney Productions, depois de mim, nos inspiramos no gênio Rudyard Kipling. Eu me identificava demais com *O livro da selva* e *Kim*, cuja descrição dos tempos de escola era idêntica à minha depois de passado mais de meio século. É verdade. Fui criado com uma visão eduardiana do mundo. Meus pais eram oriundos de diferentes partes do Império Britânico, e eu tinha avós, tios, tias e primos espalhados por todo o globo: Austrália, Nova Zelândia, Canadá, África do Sul, Índia, Ceilão (hoje, Sri Lanka), Cingapura, Rodésia (Zimbábue), Niassalândia (Malawi) e por aí afora. Esses lugares me pareciam quase familiares. As inúmeras cartas – e, com menos frequência, os próprios remetentes – que chegavam desses países disparavam a minha imaginação infantil com histórias sobre a "África Negra" e afins. Mas, na verdade, eu queria explorar um território desconhecido, um lugar diferente, uma verdadeira *Tierra Incognita*. A América do Sul era um lugar com o qual nenhum conhecido meu parecia ter qualquer experiência ou conexão. Dessa maneira, ainda na escola, coloquei na cabeça que conheceria a América do Sul quando crescesse. Com 12 anos, comprei um dicionário e, secretamente, comecei a aprender algumas frases em espanhol. Quando surgisse uma oportunidade, estaria pronto.

Só depois de uns dez anos a oportunidade apareceu, na forma de um anúncio no *The Times Educational Supplement*. "Precisa-se", dizia o texto, "para a HMC Boarding School, na Argentina...". Era um emprego tão claramente adequado ao meu propósito, que em meia hora meu pedido estava na caixa do correio, pronto para voar até o outro lado do Atlântico, anunciando que eles não precisavam procurar mais ninguém. A meu ver, aquele era o meu caminho.

Claro, pesquisei sobre a situação política e econômica antes de partir. Um tio no Ministério de Negócios Estrangeiros ofereceu-me uma visão interna sobre a fragilidade do governo peronista na Argentina. Segundo o nosso serviço de inteligência, a qualquer momento poderia haver outro golpe sangrento. O terrorismo era considerável; assassinatos e sequestros eram eventos diários. Pensava-se que apenas o Exército seria capaz de restabelecer a ordem. Enquanto isso, meu banco em Londres me fornecia informações econômicas sobre a Argentina: um verdadeiro caos! Em suma, de modo paternalista, todos afirmavam que viver na Argentina era uma ideia absurda e que as circunstâncias a tornavam inviável. Ninguém em seu juízo perfeito sequer sonharia em viajar para aquele lugar. Isso, claro, era exatamente o que eu queria ouvir, era todo o incentivo do qual precisava.

Ofereceram-me o cargo de professor assistente com direito à moradia, mas os termos do contrato não eram exatamente promissores. O colégio pagaria por um voo de regresso, condicionado à minha estada por um ano letivo completo. Eu receberia o seguro social em moeda corrente do Reino Unido. Isso valeria a pena em termos de poder de compra local, e o diretor não poderia recorrer a alegações com base na ruína econômica vigente. Mas meu pagamento seria proporcional ao dos outros membros do corpo docente. Enquanto continuasse como residente no colégio, receberia alimentação e alojamento. Enfim, era isso.

Além de ter deixado dinheiro na conta bancária para comprar uma passagem e sair de Buenos Aires em caso de emergência, meu banco providenciou uma conexão com o Banco de Londres y América del Sur, em Buenos Aires, de modo que eu poderia sacar os fundos em Londres, em caso de necessidade. Mas o dinheiro não me importava. Eu estava no meu caminho, prestes a entrar no espírito de aventura que me inquietava desde menino; sairia em busca de meu próprio destino. A sorte que me presentearia com um pinguim como amigo e companheiro de viagem – e fonte inesgotável de histórias de ninar contadas para as gerações vindouras – era um toque singular do destino, ainda distante no horizonte ocidental.

Juan Salvador foi um pinguim que encantou e deleitou a todos que o conheceram naqueles dias sombrios e perigosos – dias que testemunharam o colapso do governo peronista em meio a atentados terroristas de uma revolução violenta, que fez a Argentina oscilar à beira da anarquia. Era uma época em que as liberdades, oportunidades e atitudes eram bem diferentes das de hoje. Contudo, eu era um jovem viajante acompanhado de Juan Salvador, o inimitável e indomável pinguim, e acabaríamos nos tornando companheiros imensamente felizes depois que o resgatei em circunstâncias dramáticas das águas mortais e distantes da costa uruguaia.

I

Peguei um pinguim

Termina uma aventura e começa outra

A estância balneária de Punta del Este está situada a certa altura da costa do Uruguai, onde a grande varredura da costa atlântica, ao sul da América do Sul, encontra-se com o banco ao norte do vasto delta do rio da Prata. Fica a aproximadamente 97 km ao leste da capital, Montevidéu, e do outro lado do poderoso rio de Buenos Aires, capital da República da Argentina. Nas décadas de 1960 e 1970, Punta del Este era como Nice, Cannes ou St. Tropez para os habitantes dessas duas grandes metrópoles; ali as pessoas inteligentes passavam as férias de verão, escapando do calor da cidade em coberturas luxuosas e apartamentos de frente para o mar; e, pelo que sei, ainda fazem isso.

A chave de um desses apartamentos me fora gentilmente emprestada por meus amigos, os Bellamy, porque estávamos em pleno inverno. Eu estava no Uruguai depois de uma extraordinária estadia no Paraguai, fazendo o caminho de volta à Argentina pelas gigantescas cataratas do Iguaçu e, em seguida, ao longo da costa. Após semanas de agitação, resolvi relaxar durante alguns dias na calmaria de uma Punta del Este fora de temporada.

No final da tarde de meu último dia por lá, retornei ao apartamento para arrumar e organizar minhas coisas, preparando-me para partir bem cedo na manhã seguinte. Minha reserva no aerobarco para cruzar o rio da Prata estava marcada para o meio-dia, e isso me levaria a pegar um *colectivo*, ônibus local, de Punta del Este até Montevidéu, às 5:45. Os *colectivos* eram entusiasticamente decorados pelos motoristas com diversos adornos e amuletos, talvez para compensar os pneus carecas.

Depois de fazer a mala, limpar e examinar o apartamento, pensei em dar uma última caminhada à beira-mar, antes de sair para o que seria minha derradeira ceia no *resort*.

Naquele dia, alguns poucos barcos, tanto de pesca como de passeio, balançavam suavemente por sobre as amarras do pequeno porto de Punta del Este, situado a oeste, em harmonia com as pontes flutuantes ao longo das quais os proprietários caminhavam para chegar às embarcações. Embora bem protegido do oceano Atlântico ao leste, o porto não se protegia da brisa que soprava do oeste.

O ar cortado pelos gritos das gaivotas e pelo oscilar das adriças, além do cheiro de peixe, aninhava aquele pequeno e sereno refúgio à luz de um sol brilhante de inverno. As cores vibrantes das gaivotas, dos barcos e das casas se avantajavam contra a safira do mar e o azul do céu. Mas minha atenção era atraída para os milhares de peixes que circulavam naquela água fria e cristalina. Na tentativa de escapar dos predadores, as sardinhas nadavam juntas em torno do porto, ora ziguezagueando, ora se dispersando para se reunirem de novo em questão de segundos. Fiquei hipnotizado pelas ondas cintilantes de luz que pulsavam como uma aurora através da água, à medida que o sol refletia os corpos dos peixes iridescentes.

Junto às enferrujadas e obsoletas bombas de combustível, alojadas sob um telhado de ferro corrugado, uma musculosa pescadora puxava seu sustento do cais com uma grande rede verde solidamente amarrada a um poste de bambu. Com ar de satisfação, ela usava avental de couro e botas de borracha, mas não tinha luvas. Seu cabelo era coberto por um lenço marrom, e o rosto, profundamente enrugado e macilento. Ao lado dela, três tonéis de madeira repletos de sardinhas até a borda, talvez por isso a expressão de felicidade. De pé, apoiada em tornozelos bambos, ela lançava a rede à água e, num piscar de olhos, puxava-a abarrotada de peixes, para o desespero das gaivotas, que a repreendiam ruidosamente. Ela abria um sorriso desdentado cada vez que arremessava um novo lote para os tonéis e recolhia os peixes que não tinham caído da rede, o que não poderia fazer com luvas. As pequenas gaivotas de dorso negro pairavam brevemente a uns três metros acima do mar e depois mergulhavam e subiam à superfície da água, com sardinhas brilhando como mercúrio de borracha nos bicos. Elas engoliam a presa em poucos segundos.

Um casal de pinguins também desfrutava seu quinhão no cais. Que cativante observá-los em voo veloz por cima d'água à procura de peixes! Eram bem mais hábeis que as gaivotas no ar. Eles rasgavam os bancos de areia aos giros e torções, com uma velocidade e uma agilidade de tirar o fôlego, e abocanhavam as sardinhas à medida que se espalhavam à frente. Diante de um adversário tão superlativo, as pequenas sardinhas pareciam quase indefesas, apesar da quantidade aparentemente ilimitada de cardumes. Mas fiquei surpreso com o número reduzido de pinguins naquele banquete de ricas e fáceis colheitas.

Foi com prazer que os observei um pouco mais à medida que se distanciavam, dando meia-volta e caminhando até o promontório ao leste e depois até o próximo quebra-mar. Pequenas ondas salpicadas de espuma branca quebravam na praia. Fazia uns dez ou 15 minutos que passeava à beira-mar naquela bonita tarde, refletindo sobre minhas novas experiências e sobre todas as inspiradoras maravilhas que tinha visto e feito durante as férias, quando avistei o primeiro deles: negro, imóvel. A princípio, eram poucos, mas, à medida que eu seguia em frente, cresciam em número, até que toda a extensão da praia parecia coberta de pedaços escuros que se estendiam como um tapete preto. Centenas de pinguins encharcados de petróleo jaziam na areia, no limite da água, estendendo-se ao longo da costa ao norte. Pinguins mortos, cobertos de uma camada espessa e sufocante de óleo e piche. Uma visão tão terrível, tão nauseante e deprimente, que me perguntei sobre o que estaria por vir para qualquer tipo de "civilização" que pudesse tolerar e até mesmo perpetrar tamanha profanação. Só então entendi por que apenas alguns poucos pinguins capturavam sardinhas naquele porto, apesar da abundância de peixes. Claro, apenas alguns tiveram a sorte de evitar a mancha de óleo.

Consumido por pensamentos sombrios, continuei a caminhada naquele rastro de devastação que cobria grande parte da praia, na tentativa de estimar o número de aves mortas. Mesmo que pudesse calcular quantos pinguins jaziam na praia – amontoados em cima uns dos outros –, seria impossível avaliar o número de corpos no mar agitado. A cada onda que quebrava, mais aves se empilhavam em cima das que jaziam na praia, e a cada nova onda que se formava, mais um medonho lote de carcaças negras chegava à costa.

A extensão de areia entre o mar e a amurada da estrada era estreita, talvez pouco menos de 30 metros na parte mais larga, mas a poluição ao longo da praia se estendia a perder de vista.

Claro, eram milhares de pinguins mortos de um modo terrível e inimaginável enquanto faziam o percurso para o norte ao longo de rotas migratórias e ancestrais, tal como seus antepassados fizeram durante milhões de anos.

Até hoje não sei por que continuei caminhando pela praia naquele dia. Talvez para entender a dimensão do horror daquele acontecimento fosse preciso ver a extensão dos danos. Até então, não tinha ouvido nenhum relato de derramamento de óleo naquela parte do mundo, mas, naquele tempo, os regulamentos a respeito da conduta dos petroleiros eram menos rigorosos e quase nunca cumpridos, de modo que ocorrências como aquela não eram incomuns. Depois de deixar a carga em seu destino, os petroleiros retornavam ao mar e lavavam os tanques ainda em trânsito para coletar uma nova remessa.

Foram eventos como esses que provavelmente acabaram por me transformar. Ainda me restavam dúvidas de que aquilo que testemunhava naquela praia era a inevitável consequência de uma hedionda colisão de culturas. Quando a necessidade instintiva da migração anual de aves marinhas esbarra em grandes manchas de óleo flutuante, despejado no mar pela negligência e a ganância humanas, só há um resultado possível: absoluta e completa aniquilação dos pinguins. Isso já seria indescritivelmente pavoroso se tivesse sido o resultado de um acidente. Mas talvez resultasse de ações deliberadas e plenamente conscientes das prováveis consequências que desafiavam qualquer tipo de racionalização ou aceitação.

Eu caminhava apressado, sem a menor vontade de me concentrar nos detalhes das criaturas mortas, quando percebi um movimento com o canto do olho. Não ocorria na agitação espumante das ondas, e sim, na quietude da praia. Parei e observei. E não estava enganado. Um valente pinguim ainda estava vivo; uma única alma sobrevivente que lutava em meio a toda aquela mortandade. Que extraordinário! Como aquela ave solitária ainda estava viva, quando o óleo e o piche tinham vencido todas as outras?

Embora deitado de barriga para cima e coberto de piche como todos os outros, o pinguim movia as asas e tentava manter a cabeça para cima. Ele não se mexia muito, mas a cabeça e as asas davam pequenos empurrões espasmódicos. Os estertores de uma ave derrotada, pensei.

Observei por um momento. Eu poderia seguir adiante, abandonando-o e deixando-o à mercê do venenoso óleo e do desgastante piche que o sufocava e aos poucos lhe extinguia a vida? Eu não faria isso; daria cabo daquele sofrimento o mais rápido possível. Segui em direção ao pinguim, abrindo espaço a cada passo com o máximo de decência e respeito pelas outras aves mortas.

Eu não tinha um plano definido de como administrar o *coup de grâce,* o golpe de misericórdia. Na verdade, não tinha sequer um plano. Mas, à medida que o solitário pinguim – indistinguível entre milhares de outros, embora ainda vivo – fazia força para se erguer e enfrentar um novo adversário, meus pensamentos violentos se dissipavam. Ele projetou as pegajosas asas em minha direção, com um bico que mais parecia um dardo ameaçador, e ergueu-se pronto para lutar novamente pela própria vida. Batia quase à altura de meu joelho!

Calculei o avanço feito e observei os demais pinguins mais uma vez. Seria um engano meu? Depois de tudo, ainda estariam vivos? Talvez apenas descansando, recuperando-se? Toquei em alguns corpos com o dedão do pé. Nenhuma centelha de vida em nenhum outro senão naquele único, nada que diferenciasse um pinguim morto do outro. Plumagens e gargantas encharcadas de piche; línguas disformes que pendiam de bicos e olhos empapados de corrosiva imundície. Apenas o fedor de betume já seria suficiente para exterminar todas aquelas aves, e eu não estaria caminhando na praia se não fosse pelo vento que soprava do oeste, levando o mau cheiro para o mar.

Em meio a toda aquela obscenidade, apenas um único pinguim, negro como azeviche, de bico vermelho, língua escancarada e olhos claros que faiscavam de raiva. De repente, uma onda de esperança. Ele sobreviveria se fosse limpo? Não precisava ter uma chance? Mas como abordá-lo se estava imundo e agressivo? Olhamo-nos com desconfiança, cada qual avaliando o respectivo adversário.

Fiz uma rápida varredura do lixo acumulado ao longo da praia: pedaços de madeira, garrafas de plástico, redes de pesca de poliestireno destroçadas e desintegradas, todo tipo de entulho encontrado ao longo da marca d'água em quase todas as praias infectadas pela nossa sociedade avançada. No meu bolso, tinha um saquinho com uma maçã. Afastei-me, e o pinguim recostou-se na própria barriga e balançou a parte inferior do corpo, como se para se acomodar outra vez. Rapidamente juntei alguns destroços que poderiam ser de alguma ajuda. Em seguida, me aproximei como um gladiador do adversário que logo se ergueu à sua altura máxima, pressentindo nova ameaça. Depois de girar um fragmento de rede de pesca para distraí-lo, lancei-o com a rapidez e a bravura de Aquiles por sobre sua cabeça e o empurrei com um pedaço de pau. Depois de derrubá-lo, minha mão ainda segurando o saquinho (não era hora de comer maçã), agarrei-o pelos pés.

Levantei o furioso pinguim, que se contorcia e girava na tentativa de escapar, e saí da praia, mantendo-o a certa distância de mim, e só então descobrindo quão pesadas aquelas criaturinhas podiam ser.

E depois retornei ao apartamento dos Bellamy, com aquele pinguim agitado que pesava uns cinco quilos. Se relaxasse o braço, aquele bico selvagem poderia furar minha perna e infectá-la com piche. Se, por um lado, preocupava-me em não ferir ou assustá-lo mortalmente, tentando garantir que não sofresse em minhas mãos, por outro, também pensava no meu próprio bem-estar durante um percurso de mais ou menos um quilômetro.

Fiquei com a cabeça fervilhando de planos naquela caminhada de volta. O que diria para os que me questionassem? Eu tinha autorização para resgatar pinguins encharcados de piche no Uruguai? Naquela época, a maioria dos países da América do Sul era constituída de estados controlados pela polícia, e não me surpreenderia se houvesse alguma lei absurda que proibisse tais resgates.

Pensei, enquanto seguia aos trambolhões pela estrada da praia, que pelo menos poderia limpar o pinguim. Lembrei que, quando menino, sempre usava manteiga para remover piche de toalhas de praia e que, na geladeira do apartamento, tinha manteiga, azeite, margarina e detergente.

Carregar um pinguim com o braço estendido para frente era um trabalho exaustivo que me fazia mudar de mão frequentemente. Eu o segurava pelos pés e, com um dedo entre suas pernas, reforçava a pegada para não lhe causar outros danos, mas sem a ilusão de que fosse confortável para o frenético pinguim. De qualquer forma, finalmente chegamos ao nosso destino sem maiores contratempos para nenhum de nós. Apesar dos muitos esforços do pinguim, ele não conseguiu me ferir durante o caminho, assim como não dei cabo dele.

O problema seguinte seria passar despercebido pela temível zeladora que ocupava uma sala sob a escadaria de meu prédio. Durante minha estadia, ela sempre saía apressada, como um cão de guarda selvagem, para examinar a entrada e a saída dos visitantes, como se não fôssemos de confiança. Claro, o condomínio contratara os serviços daquela senhora em particular para garantir que os visitantes se comportassem de maneira respeitável enquanto estivessem lá, e ela fazia jus à tarefa. Mas, por alguma curiosa reviravolta do destino, justamente no instante em que aparecia um motivo real para preocupação, ela não estava lá. O caminho estava livre.

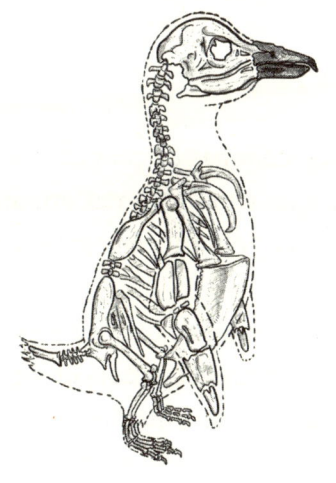

"É revelado um pouco sobre os pinguins."

2
Pinguins-de-magalhães

Quando é revelado um pouco sobre os pinguins

As populações de colônias de pinguins sofreram sério declínio nos últimos 40 anos, algumas em até 80% ou muito mais. Isso se atribui à poluição, à pesca e a outras atividades humanas.

Contudo, mesmo com ameaça de extinção, os pinguins-de-magalhães – *Spheniscus magellanicus* – podem ser encontrados ao longo da costa sul-americana. Atingem uma altura entre 45 e 60 centímetros e pesam entre 3 e 7 quilos (se bem que, em determinadas ocasiões, o peso exato depende do tempo e da fartura da última refeição). Eles têm dorso e rosto negros e peito branco. Na parte frontal branca, em cima, aparece um "U" invertido, preto e decorativo.

Fora da água não são graciosos. Pois apresentam corpos longos e pernas muito curtas. Seus ombros, ou escápulas, se posicionam para baixo, e os ossos das asas são surpreendentemente planos e finos, dando-lhes o perfil de um bumerangue. A postura natural do pinguim é com os joelhos dobrados e o pescoço em forma de "S", mas podem mudar de forma em um grau notável. Quando se agacham, eles se tornam quase redondos, o que contribui para conservar o calor, mas também podem se levantar em linha reta, o que os faz parecer magros, altos e elegantes.

Quando eretos, expandem os dedos palmados, de modo que os "calcanhares" ficam acima dos pés, mas podem se "sentar" com os calcanhares e as partes inferiores, tocando o solo. Esse contato triangular com o solo é um arranjo bastante estável. Quando uma pessoa está sentada em um banquinho, os ossos da perna ficam na mesma posição, mas os pinguins possuem ossos na cauda, que lhes permitem se apoiar sobre ela. Grande parte dos ossos da perna por dentro do corpo desce quase até os calcanhares (uma das razões pelas quais as pernas dos pinguins não esfriam). O efeito geral é de duas pernas extremamente curtas e salientes abaixo do abdome. A geometria dos ossos os deixa parecidos com pombos a caminhar; eles gingam, rebolam e giram em movimentos cômicos de assistir.

Os pinguins-de-magalhães são monogâmicos, acasalam para a vida inteira. Enquanto choca, o casal se reveza de dez a 15 dias para incubar os ovos e, enquanto um jejua, o outro se alimenta. Quando jovens, as escamas e a pele dos pés e das pernas apresentam manchas que se tornam mais escuras à medida que envelhecem. O pinguim que resgatei não tinha manchas brilhantes, ou seja, era adulto.

Na água, os pinguins se transformam. Ao nadar na superfície, assemelham-se a patos murchos, apenas com a cabeça e a cauda acima da água, mas, sob as ondas, se tornam simplesmente sublimes. Nenhum lince, cavalo, albatroz ou condor é mais elegante ou gracioso. Nada é mais magistral na água.

Claro, eu não sabia absolutamente nada sobre pinguins no dia em que resgatei um deles na praia de Punta del Este, mas essa deplorável ignorância estava prestes a chegar a um abrupto fim.

3
Hora do banho

Quando tomamos um banho sem querer
e aparece uma gaivota para nos salvar

Só quando entrei no apartamento e olhei em volta, percebi que tinha pensado em resgatar um pinguim, mas não tinha avaliado os aspectos práticos da limpeza a ser feita. O apartamento dos Bellamy era elegante e de bom gosto, como o de um anúncio de revista sofisticada – o último lugar para se levar um pinguim encharcado de óleo. A possibilidade de fazer algo em prol dele começou a parecer bem remota, ao passo que a possibilidade de bagunçar o apartamento, estragando a decoração, perturbando os Bellamy e magoando-me em meio a isso, pareceu bem real. Imundo e bastante agressivo, o pinguim fechava o bico com estalidos metálicos, como alicates dentários, enquanto se contorcia e rodopiava sem parar na tentativa de me bicar.

Fiquei tentado por um momento a levá-lo de volta à praia, deixando de lado um curso de ação imprudente que provavelmente me levaria ao arrependimento. De que jeito poderia conter e limpar aquela criatura que se debatia, sem danificá-la ainda mais e sem destruir o apartamento? Foi quando tive uma ideia.

Tinha comigo um saco de corda, um fiel e velho companheiro muito útil em viagens. Era uma versão ampliada dos sacos de rede de laranjas do comércio (embora o meu fosse azul, com alças também de corda). Eu o tinha desde os tempos de escola, quando o utilizava para transportar botas e bolas de rúgbi, porque simplesmente a lama escorria pelos orifícios. Tecido em uma rede de pequenos quadrados, era ideal para aventuras; quase não ocupava espaço, mas era forte o bastante para carregar aquisições impulsivas durante as expedições, como estava prestes a demonstrar de modo admirável naquele momento. Depois de sacudi-lo com uma das mãos, fiz o pinguim deslizar para dentro, introduzi um cabo de vassoura por entre as alças e deixei o saco suspenso entre o espaldar de duas cadeiras arrumadas para a empreitada. Com todo cuidado, coloquei um exemplar do jornal *El Día* no piso entre as cadeiras, bem debaixo do pinguim; satisfeito por tê-lo em minhas mãos, fiz uma busca no apartamento atrás de produtos de limpeza adequados.

Peguei manteiga, margarina, azeite, óleo de cozinha, sabonete, xampu e detergente e levei tudo até aquele banheiro mobiliado com bom gosto e muita grana, como o resto do apartamento. Belos azulejos decorados em rosa-salmão e em forma de peixe cobriam as paredes, e o piso polido era de mármore preto. Até os artefatos eram de porcelana de cor marfim com acessórios de ouro, de modo que não se podia sequer sonhar com um lugar mais inadequado para a limpeza de um pinguim encharcado de piche.

Depois de encher o bidê com água morna, ergui o saco do suporte temporário, com o pinguim ainda em segurança, e o coloquei na água. Cada vez mais irado, ele se debatia sem parar e, com os pés e o bico agora salientes, prendeu um de meus dedos com uma poderosa bicada. Primeiro sangue a favor do pinguim! Eu o amaldiçoei enquanto tentava soltar o dedo, mas ele não o largaria sem uma boa luta, tal como um *terrier*. Mal pude acreditar na força daquela bicada; ele poderia abrir uma lata com aquele bico.

– *Maldito! Solte!* – gritei, enquanto o segurava pela cabeça, tão gentilmente quanto minha dor e minha fúria permitiam. Um simples bico aberto provocara um corte profundo, que sangrava profusamente e doía como se o tivesse prendido no vão de uma porta pesada. Espantado pelo fato de que um mero pinguim pudesse operar tamanho dano, deixei-o no bidê, ainda dentro do saco, e fui cuidar do meu dedo. Observando-o sob água corrente, não consegui acreditar no tamanho do corte; tenho a cicatriz até hoje. Com o dedo sangrando na pia, amaldiçoei-me por não ter deixado o pinguim onde o encontrara.

Eu o encarei e ele me encarou de volta. Inflexíveis e beligerantes, aqueles olhos pretos e malévolos disseram tudo, brilhando de puro ódio e veneno.

– *Pode me encarar, seu brutamonte! Há mais de onde veio isso!*

– *Maldito seja, seu estúpido... pinguim!* – respondi. – *Estou tentando ajudá-lo! Será que não compreende isso, seu cabeça-dura?*

Limpei o dedo no papel higiênico na vã tentativa de deter o sangramento, substituindo-o à medida que se encharcava, e depois mantive a mão acima da cabeça. Enquanto o dedo latejava, me perguntei se os pinguins podiam transmitir doenças perigosas. Passados uns 15 minutos, finalmente contive o fluxo de sangue com atadura de gaze e esparadrapo e, com relutância, preparei-me para retornar à briga.

Ficou claro que ele teria de ser controlado de maneira mais eficaz. Eu tinha cometido o erro de subestimar o adversário, pensando que era apenas um pinguim, quando, na verdade, ele era tão grande e perigoso quanto uma águia dourada na defesa do ninho. Seria preciso imobilizá-lo com mais destreza. Suspendi de novo o saco pelas alças e por entre as cadeiras, para impedi-lo de me ferir com o bico ou as patas, fiz um laço com um pouco de gaze e as apertei enquanto o bico estalava repetidamente no ar. As patas dos pinguins são grandes e muito fortes, munidas com garras afiadíssimas, não muito diferentes das garras de uma águia, e capazes de destruir a pele humana. Curiosamente, a parte inferior não se assemelha à de uma ave, e sim à de um macaco: carnuda, musculosa e hábil. Amarrei as patas por trás para que o bico não pudesse me alcançar.

Enquanto ele se debatia inutilmente dentro do saco, peguei-o pela cabeça com um jornal. Usando toda a minha força, envolvi o bico com os fortes elásticos que encontrara em minha busca por produtos de limpeza, cuidando para não fechar as narinas, e apertei uma última volta do elástico em torno do bico afiado. Ele arranhou o ar com os pés enquanto tentava se contorcer, mas não pôde me alcançar porque estava pendurado dentro do saco. Ficou com a respiração pesada e o pulso visivelmente palpitante na garganta e na cabeça, pois não parava de chutar e lutar, mas sem sucesso, porque estava impossibilitado de acertar o que fosse.

De repente, aqueles olhos geralmente do tamanho de grãos de ervilhas incharam, furiosos de frustração e ódio.

– *Como você se atreve? Vou fazer você pagar por isso! Pode apostar!* – eles diziam. Era difícil acreditar que aquele mesmo pinguim estivera às portas da morte pouco antes. Não havia nada a fazer senão adotar o distanciamento clínico de um veterinário. Ele não sobreviveria sem uma limpeza adequada.

– *E agora, seu pássaro idiota* – eu disse –, *vai encarar? Tanto posso ser cruel como gentil!* – Com o dedo latejando e doendo, qualquer simpatia que eu tivesse sentido pelo pinguim acabou escorrendo pelo ralo junto com meu sangue. Depois de me certificar de que as patas estavam firmemente amarradas, enlacei-o com as alças do saco para imobilizar as asas.

Satisfeito ao vê-lo subjugado, coloquei-o de volta ao bidê e comecei a limpeza, despejando um pouco de detergente líquido no dorso. E, como o bico não era mais uma arma perigosa, passei detergente nas penas curtas. Foi uma tarefa difícil, tanto pelo curativo no meu dedo ferido como pelo contorcionismo do pinguim, mas o saco de corda funcionou perfeitamente como um sistema de retenção, segurando-o com cuidado e sem impedir a limpeza.

De repente, ele se imobilizou de exaustão. Uma mudança de atitude surpreendentemente rápida, bem mais rápida do que imagino agora.

Em uma fração de segundo, aquele animalzinho aterrorizado, hostil e ressentido (compreensivelmente determinado a se vingar de mim, um representante da raça que exterminara milhares de parentes dele com tanta crueldade) tornou-se um parceiro dócil e cooperativo na operação de limpeza. A transformação ocorreu enquanto eu o enxaguava da primeira rodada de detergente. Era como se de repente ele tivesse entendido que eu tentava livrá-lo daquele óleo nojento, e não assassiná-lo. Escorri a água do bidê e a substituí por outra limpa e morna. Os olhos do pinguim já não estavam mais inchados como os de um peixe dourado de aquário. Sem sacudir a cabeça e bater as asas para me infligir danos com o bico e as patas, ele se limitou a observar calmamente enquanto a água fluía. Com a pulsação desacelerada, já não me encarava com o ar desafiador de um pobre cativo. Apenas virava a cabeça de um lado para o outro e me olhava com um olho intrigado e depois com o outro. Os pinguins são caçadores e podem olhar para frente com visão binocular, mas têm o hábito de olhar primeiro com um olho e depois com o outro.

– *Qual é seu jogo, afinal? Por que está fazendo isso? Sabe mesmo como limpar toda essa lambança?* – os olhos dele pareciam perguntar.

Na segunda rodada de detergente, ele não se encolheu nem se afastou. Ao sentir que nosso relacionamento melhorava, decidi arriscar e o libertei do saco para esfregar detergente nas penas das costas e nas asas com mais facilidade. Solícito, o pinguim estendeu as asas para que nenhuma parte ficasse de fora enquanto o detergente fazia seu trabalho. Esfreguei o produto de limpeza em todas as penas e, em seguida, enxaguei toda aquela mistura pegajosa. Depois de cada enxágue, ele se sacudia como um cachorro ao se secar.

Já que ele cooperava tanto, removi o elástico do bico e desatei as patas, o que facilitou o trabalho de limpeza. Ele não esboçou nenhuma tentativa de me bicar ou escapar, mas continuou balançando a cabeça com visível curiosidade à medida que passava o detergente em suas penas. Olhava primeiro com um olho e depois com o outro, observando o progresso alcançado, e não parava de olhar meu rosto, como se para verificar se eu estava prestando a devida atenção à delicada tarefa que realizava.

Quando acabei as rodadas de lavagem com detergente, comecei a passar o xampu, lavando cada pedacinho do pinguim diversas vezes. De pé no bidê, ele me deixou fazer o trabalho sem resistência. Não tentou sequer remover os restos de espuma com o bico, assim como não fez nenhuma objeção quando cuidadosamente o limpei em volta do rosto e dos olhos, o que fiz apenas com manteiga.

Após uma hora de trabalho, emergiu um pinguim reconhecível. As penas traseiras tornaram-se de novo pretas, lisas e brilhantes, e as penas da barriga, embora não inteiramente brancas, pelo menos exibiam um branco-acinzentado. Deixei escorrer a água do bidê pela última vez e, quando não o enchi outra vez de água, ele me observou mais de perto. Nós nos entreolhamos por um segundo, e depois observei o resultado de minha obra.

– É isso? Já terminou? Já terminamos? Espero que não tenha se esquecido de algum lugarzinho!

Lentamente, mudei o foco do que fazia e olhei ao redor do banheiro. A agitação após cada lavagem depositara uma fina película de sujeira mesclada com detergente, óleo e água nas paredes e, ao me olhar no espelho, percebi que também sobre mim.

Embora ele já estivesse asseado ao toque, eu não o queria vagando solto pelo apartamento; então, para contê-lo, coloquei-o na banheira e comecei a limpar o banheiro e a mim. Aparentemente esgotado, ele se acomodou de barriga para baixo, com sacudidelas ocasionais na parte inferior do corpo, e observou-me enquanto eu tomava banho e limpava respingos de sujeira do rosto e do cabelo.

Claro, os apartamentos de férias não eram equipados com itens próprios para pinguins, e certamente o apartamento dos Bellamy não era uma exceção, de modo que passei rapidamente no mercado local, onde comprei uma grande quantidade de toalhas de papel e repus os detergentes consumidos. Também comprei uma lata de sardinhas, o único alimento disponível que talvez o pinguim quisesse para um chá. Enquanto fazia as compras, vasculhei os recônditos do meu cérebro em busca de possíveis conhecimentos sobre a história natural dos pinguins, eventualmente adquiridos por mim em algum momento. Isso porque algumas dúvidas começaram a me incomodar. Uma pequena voz me sugeria que uma limpeza com detergente poderia prejudicar a impermeabilização natural de uma ave marinha e impedi-la de lidar com seu hábitat; ela ficaria encharcada e se afogaria. Se isso fosse verdade, eu tinha feito um excelente trabalho de remoção de cada pedaço impermeabilizado daquele pinguim. Depois de tudo que tínhamos passado, fiquei extremamente sensível ao bem-estar dele. Afinal, estava tentando ajudá-lo, mas, sem acesso imediato a informações sobre limpeza de aves marinhas – naqueles dias, não havia o Google para se pesquisar "como retirar óleo de um pinguim" –, tive de confiar na minha memória e no bom senso.

Enquanto caminhava pelas ruas desertas de volta ao apartamento, a realidade de minha situação acabou também se clareando para mim, lançando uma sombra no progresso feito até então. Eu teria de acordar de madrugada para a viagem de volta a Buenos Aires, onde me prepararia para retornar ao trabalho, o que já estava providenciado e era inalterável. Como poderia lidar com tudo isso, tendo um pinguim deficiente a reboque? Obviamente, não queria mantê-lo comigo. Seria impossível abrigá-lo num apartamento em Buenos Aires. Eu precisava de um pinguim tanto quanto um pinguim precisa de uma moto. Acontece que a moto era o meio de transporte usado por mim na Argentina. Infelizmente, com aquelas pernas de pinguim, ele não poderia andar na garupa!

Pensei que, sem evidências concretas sobre a limpeza das aves pelágicas, a cogitação anterior não passava de um velho conto de esposas envelhecidas. Refiz meus passos com resolução, preparando-me para levá-lo de volta ao mar, de modo que pudesse dar conta de todas as tarefas importantes que tinha a fazer. Simplesmente não havia nada a ponderar a respeito, e o pinguim teria de voltar para o mar e assumir as chances disponíveis. Eu não poderia mantê-lo e ele ficaria melhor com sua própria espécie.

Eu o tinha deixado na banheira e, quando cheguei, ele correu para cima e para baixo, batendo as asas e dizendo, com os olhinhos brilhantes:

– *Você demorou demais! Já estava preocupado com o que tinha acontecido com você. O que estava fazendo?*

Se ele fosse um cachorro, seria possível dizer que estava abanando o rabinho, e me convenci de que se sentiu feliz por me ver.

Abri a lata de sardinhas com o abridor da própria lata e lhe ofereci alguns pedacinhos. Ele reagiu com desdém.

Tentei colocá-los no bico, mas ele os sacudiu para fora com veemência. Quando ofereci mais sardinhas, ele abaixou o bico sobre o peito e fechou os olhos, mas, em seguida, abriu-os novamente e olhou para mim.

– *Veja, eu trouxe algumas sardinhas para o seu chá* – eu disse.

– *Eca, eca, eca! Leve isso embora! Que nojeira é essa?*

Desisti e o enxuguei com as toalhas de papel, depois tratei de fazê-lo readquirir a impermeabilidade, esfregando manteiga e azeite nas penas, até que o fiz parecer um nadador untado. Já satisfeito por tê-lo abastecido com todos os impermeabilizantes à mão, coloquei-o dentro de uma sacola de compras para escondê-lo da megera mal disfarçada de zeladora. Juntos, nos dirigimos calmamente de volta ao mar.

Apenas a estrada da praia separava o apartamento dos Bellamy do Atlântico. E agora a praia exibia uma areia aprazível, com afloramentos rochosos; sem nenhum sinal do derramamento de óleo, nem dos pinguins mortos que antes cobriam a costa, que se estendia até o nordeste ao longe.

Atravessei a estrada às pressas, caminhei até a beira do mar, coloquei o pinguim na areia molhada e dei um passo atrás para observar. Esperava que ele saísse correndo em direção ao mar e nadasse para longe, feliz pela nova liberdade. Mas ele não fez nada disso. Apressou-se em voltar para o meu lado. Pior, olhou no meu rosto, diretamente nos meus olhos, como se me dissesse:

– *Por que está tentando me mandar novamente para esse mar entupido de óleo mortal? Logo agora que nos conhecemos e nos tornamos amigos?*

– Vá em frente – retruquei. – *Vá encontrar seus companheiros pinguins. Você não pode ficar comigo!*

Em vez disso, ele plantou-se aos meus pés, olhando-me com ar patético.

– *Não posso voltar! Não sei mais nadar, depois que você lavou minha impermeabilização.*

Oh, que inferno! Aquilo não estava saindo conforme o planejado, não mesmo. Peguei-o no colo e o levei até as rochas.

– *Você não pode ficar comigo* – expliquei com paciência. – *Vou voltar para a Argentina amanhã. Preciso trabalhar na segunda-feira. Você simplesmente não pode ficar comigo. Tem de sair nadando para o mar aberto agora.*

Uma ligeira ondulação no Atlântico fez a água subir e cair a uns 70 centímetros de altura. Esperei a passagem de uma onda, coloquei-o sobre as rochas e pulei para um ponto mais alto. Alguns segundos depois, a onda seguinte o fez desaparecer de vista. Apertei os olhos para vê-lo nadando mar adentro. Mas, passado algum tempo, o mar recuou e não o vi. Talvez o tivesse perdido em meio aos reflexos na superfície da água.

– *Adeus, pinguinzinho* – eu disse. – *Boa sorte. Daqui para frente, que seu caminho seja tranquilo e desimpedido!* – Mas, quando me virei para sair, lá estava o pinguim lutando outra vez dentro d'água. Talvez tivesse nadado em círculos, sem encontrar o caminho para o mar aberto. Eu só tinha de tentar colocá-lo mais para fora, no final das rochas, onde o caminho estaria livre.

Observei as rochas visíveis acima da água e a frequência com que as ondas chegavam. Entre a subida e a descida, ocorria um intervalo de alguns segundos entre as cristas das ondas. Confiante de que poderia ir mais para dentro do mar, ergui o pinguim e esperei. Qualquer fração de segundo era essencial.

Escurecia, e o mar começava a gelar. Quando a água desceu, atravessei as rochas; contando os segundos mentalmente, coloquei-o no ponto mais distante que pude alcançar e dei meia-volta. Não estava nem a meio caminho, quando abaixei os olhos e tropecei nas pedras escondidas pela espuma; depois de perder o equilíbrio, saí cambaleando com água gelada até os joelhos.

– *Que droga!* – engasguei quando uma onda me engolfou até a cintura. Lutei para retornar à praia, mas escorreguei outra vez e afundei o braço com água até o ombro para me salvar de um caldo, e assim acabei esfolando a palma da mão.

– *Típico! Quando é que você vai aprender a não se intrometer?* – perguntei a mim mesmo.

Fiquei tremendo de frio na praia à medida que o vento aumentava e agitava minhas roupas molhadas. Meus sapatos estavam encharcados e meu jeans, grudado nas pernas. A manga da jaqueta se agarrou em meu braço quando a água escorreu, formando um veio a partir do punho e descendo em cascata sobre a areia abaixo. Foi exatamente nesse momento que notei dois pés ao meu lado.

Ergui os olhos e me dei conta de que meu desconforto era observado.

– *A água está um gelo, não está?*

– *Olhe só! Graças a você, fiquei encharcado* – falei para o pinguim, que me olhou de cima a baixo.

– *Pelo visto, sua impermeabilização não funcionou, não é?* – ele pareceu me perguntar com ironia.

Ordenei que voltasse para sua própria espécie e saí apressado pela praia, com água esguichando dos sapatos e torcendo para que a zeladora não estivesse no prédio. Afinal, ela era paga para não permitir que os visitantes entrassem no prédio deixando rastros de alga e areia.

Embora o muro de contenção na beira da estrada estivesse um metro acima da areia e não houvesse degraus naquele ponto, um afloramento de rochas proporcionou-me uma saída conveniente.

O que senti quando me virei e avistei o pinguim correndo atrás de mim pela praia? Encharcado e quase congelado, com o sal ardendo nas mãos, eu poderia me sentir feliz com a persistência do pinguim? Mas o paredão era muito alto para ele, o que o impediria de escalar, de modo que acabaria entendendo que não poderia me seguir e não teria outra opção senão encontrar seu próprio caminho de volta ao mar. Eu tinha de me esforçar para adotar a imparcialidade dos fotógrafos da vida selvagem e resistir ao desejo de interferir ainda mais. Simplesmente não havia nada mais a fazer por ele.

Esperei um carro passar e atravessei a rua em direção a meu prédio. Olhei para trás. No lado oposto, o pinguim saiu das rochas e caminhou em minha direção.

– *Pare!* – gritei para ele e para uma camionete que vinha em alta velocidade em nossa direção, mas nem ele nem o motorista me ouviram. Claro que haveria um acidente quando o veículo passasse. Mas nada ocorreu. Só depois percebi que o pinguim já estava caminhando pela estrada. Sem perder um segundo, saí correndo e o peguei. Ele estava encharcado e parecia sentir muito frio.

– *O que farei com você?* – perguntei.

Fui novamente repreendido por uma voz irritante em minha cabeça: "Não falei que as aves marinhas não sobrevivem na água depois de lavadas com detergente?" Por que aquela voz soava tão parecida com a de minha mãe?

Coloquei-o dentro da bolsa com cuidado, dobrei a parte de cima, apertei-o contra o peito para aquecê-lo e atravessei o portão de vidro do prédio.

– Ó, *señor*, o que aconteceu? Está tudo certo? – A zeladora pareceu sinceramente preocupada quando saiu de trás da mesa, olhando minhas roupas molhadas e o sangue que escorria de minha mão e manchava o piso.

– Escorreguei na praia e caí na água. Mas estou bem, de verdade, sem nenhum osso quebrado. Só preciso de um banho quente para não morrer de frio.

– O senhor caiu das rochas? São escorregadias. Tem certeza de que não se machucou seriamente?

– Claro, estou bem, obrigado. De verdade! Absolutamente bem. Só preciso trocar de roupa – falei, rodeando-a e deixando poças de areia por onde pisava. Estava ansioso para sair rapidamente, antes que ela me rodeasse agitadamente e descobrisse o pinguim. – Oh, sinto muito pela bagunça! Limparei tudo assim que trocar de roupa. – Saí apressado até a escada, sem esperar resposta.

– Deixe isso comigo, *señor* – ela disse. – Trate de entrar logo debaixo de um chuveiro quente! – Com certeza, aquela era uma zeladora diferente de plantão. Talvez nem tudo estivesse contra mim, afinal.

De volta ao apartamento, levei o pinguim para o banheiro e o enxuguei novamente com toalhas de papel. Após um banho rápido, coloquei minha roupa sobre os aquecedores para secar. E depois removi os vestígios que pudessem evidenciar a presença de um pinguim no banheiro dos Bellamy, tarefa que durou o mesmo tempo que levei para limpar a ave. Já com tudo feito, chequei a mala, a reserva da barca e minha agenda, enquanto pensava no jantar. Já tinha consumido todo o conteúdo do frigobar, mas ainda restavam a maçã e as sardinhas do pinguim, embora nada daquilo parecesse adequado para minha última noite de férias. Eu tinha planejado comer fora, mas isso antes de ter um pinguim para cuidar. Depois de me certificar de que estava completamente seco, recoloquei-o na banheira porque não havia mais nada a fazer por ele. E saí para jantar com um livro na mão.

Comecei a cogitar, com alguma relutância, que talvez pudesse levá-lo comigo para a Argentina. Com minha agenda apertada, a procura de um jardim zoológico em Montevidéu era inviável; além disso, se o levasse para o zoológico em Buenos Aires, talvez pudesse vê-lo de vez em quando. Aliviado pela sensata solução do problema, continuei andando, agora com a mente espairecida.

Decidi fazer a última refeição no Uruguai em um pequeno restaurante a algumas centenas de metros do apartamento. Pedi azeitonas de entrada, seguidas pelo habitual bife com batatas fritas e salada, acompanhados de uma garrafa do saboroso Malbec argentino, da gloriosa província de Mendoza, para dissolver tudo isso.

Ainda era cedo e, sem gente para conversar, acabei relaxando e abri o livro. *Fernão Capelo Gaivota*, de Richard Bach, romance muito popular na década de 1970, cuja edição espanhola, *Juan Salvador Gaviota*, eu já lera. Mas, apesar de meus esforços, não consegui me concentrar em gaivotas. Meu pensamento se deslocava para um pinguim em certo banheiro. Era bem provável que estivesse morto quando voltasse. Era quase certo, pensei. Ele devia ter ingerido muito petróleo e logo morreria envenenado. Era inevitável. Como é que apenas um pinguim poderia sobreviver às toxinas e traumas que haviam exterminado todos os outros naquela praia? Cheguei à conclusão de que ele já estaria morto na banheira, e que eu só tinha tornado suas horas finais ainda mais infelizes. Eu olhava para o livro, mas as únicas palavras que dançavam na página à frente eram *"Juan Salvador"*, *"Juan Salvador"*...

De repente, nutri a esperança de que ele pudesse sobreviver; até porque, a partir daquele momento, passaria a se chamar Juan Salvador de Pinguino. Isso trouxe uma onda de esperança e o início de um vínculo que duraria por toda uma vida. Foi quando ele se tornou o meu pinguim, e tudo que o futuro reservasse seria enfrentado por nós dois juntos.

Engoli a refeição com uma pressa injustificada, paguei a conta e corri de volta ao apartamento, antecipando o pior. Mas, quando abri a porta da frente, percebi que tudo estava bem, ouvindo-o se movimentar de um lado para o outro na banheira enquanto batia as asas para me receber. Quando entrei no banheiro, ele me olhou de um jeito inimitável.

– *Estou tão feliz por vê-lo de volta! Você demorou tanto* – ele pareceu dizer, e acho que sorri para ele, ou, sendo mais preciso, sorri de orelha a orelha, com uma sensação de alívio.

– *Sim, Juan Salvador, estou de volta e muito feliz por vê-lo tão bem!*

"Sim, Juan Salvador, estou de volta e muito feliz por vê-lo tão bem!"

4
Alerta de tempestade para as Falklands
Quando uma briga de bar conduz a um plano

Fui para cama naquela noite elaborando um plano para entrar com um pinguim na Argentina, tanto pela Alfândega como pela fronteira, sem ser barrado. Isso, por confiar no que tinha compreendido sobre a psique nacional do lugar. Pois, mesmo com apenas seis meses de Argentina, já tinha adquirido um conhecimento considerável sobre o país. Levando em conta as experiências de minha primeira semana de residente em Quilmes, um subúrbio de Buenos Aires, já me via como um especialista sobre o assunto, e isso se devia em muito ao meu novo colega, um professor de história chamado Euan McCree.

O Colégio St. George, internato nos moldes das escolas públicas inglesas, tinha os prédios originais construídos em esplêndido estilo colonial e, de certa forma, ainda estava sob a égide da década de 1920. Fora fundado em 1898, por Canon Stevenson, como escola destinada à educação dos filhos dos britânicos que viviam e trabalhavam na Argentina, principalmente os envolvidos na construção de estradas de ferro, no transporte de cargas refrigeradas e na pecuária, ou seja, aqueles para quem o custo de tempo e dinheiro para educar os filhos na Inglaterra era proibitivo. No entanto, na década de 1970, a clientela da escola mudou. Embora ainda com muitos alunos de procedência britânica (cujos pais e avós tinham frequentado a escola), o fato é que eles constituíam uma segunda ou terceira geração argentina e já não consideravam a Inglaterra sua "terra natal". A maioria, porém, era oriunda de famílias argentinas de ascendência hispânica.

St. George é o único colégio interno na Argentina que participa da Conferência dos Diretores ou Escolas HMC [Headmasters' Conference]. Como tal, é extremamente caro e exclusivo e, naquela época, era considerado o pináculo do ensino médio na América do Sul, atraindo alunos de outros países do continente. A maioria das aulas era em espanhol, seguia-se o currículo nacional argentino e os alunos aprendiam com profissionais qualificados da região, condições apropriadas para estudantes que planejavam continuar com a educação e fazer a vida naquele país. Apenas cerca de 20% seguia um currículo exclusivamente inglês, cujas aulas eram ministradas por funcionários britânicos contratados para manter o padrão de fluência na língua inglesa pelo qual os pais pagavam.

Conheci Euan na viagem da Inglaterra para a Argentina. Éramos os dois novos membros da equipe naquele ano. Cerca de cinco anos mais velho que eu, ele tinha 1,92m de altura, cabelo castanho-escuro desgrenhado, sem ser comprido, e uma barba que contrastava com a pele clara. Era a imagem cuspida e escarrada do Capitão Haddock das *Aventuras de Tintin*, mas apenas fisicamente. Com um intelecto admirável, Euan tinha um conhecimento enciclopédico sobre quase todos os tópicos. Essa característica o tornava ainda mais notável porque fora criado na zona mais hostil de Belfast, Irlanda do Norte, ou Ulster, como ele próprio denominava. Seu pai tinha sido delegado sindical nos estaleiros Harland e Wolff. Seu sotaque era o mais acentuado possível e, a princípio, difícil de ser entendido por um inglês, por conta do dialeto.

Euan tinha uma memória surpreendente, sobrenatural, pois era capaz de citar longos trechos de poesia ou literatura após uma única leitura. Mais intenso que qualquer outro colega, ele se dispunha a discutir Nietzsche no café da manhã e, se o interlocutor não se esmerasse no diálogo, era bem possível que acabasse esmagado e arrastado para a simpática posição aparentemente abominável de uma eutanásia compulsória. Com o tempo, acabei descobrindo que simplesmente era melhor fingir que eu estava totalmente absorvido por algum tópico de jornal, algo que exigisse uma atenção *imparcial*, como o relatório de movimentos de navegação no porto de Buenos Aires. Mas só descobri isso com o passar do tempo.

Foi durante nossos primeiros dias de vida na Argentina que estreitamos a confiança recíproca e decidimos que precisávamos ampliar nosso conhecimento com incursões ao centro de Buenos Aires para experimentar um pouco da vida noturna. Isso nos levava a pegar um trem na estação de Quilmes até o terminal central da cidade em Constitución, e depois, um *subte* – metrô, abreviatura de *subterráneo* – até o centro, na avenida 9 de Julho, a via urbana mais larga do mundo. A avenida se ramifica em ruas com incontáveis lojas, teatros, cinemas, bares e restaurantes. A pulsação de música e vida que permeava a atmosfera daquela tranquila noite de fevereiro era uma promessa das emoções procuradas pelos jovens viajantes.

Antes de saborearmos um suculento bife num restaurante, bebemos cerveja em dois ou três ou, talvez, quatro bares. E depois, como o céu estava escurecendo, entramos em outro bar de aparência popular. As portas estavam abertas e, com a noite quente, o tango flutuava por sobre as cabeças dos transeuntes. Por toda parte ecoava o som bem-humorado daqueles que desfrutavam a noite. (Em outras palavras, era indistinguível de todos os outros bares de Buenos Aires!)

Pedimos cerveja Quilmes em lealdade à grande cervejaria local recém-descoberta. Embora lotado, ainda restava espaço no interior escuro do bar, e pudemos ocupar duas cadeiras na quina de uma mesa na qual havia uns seis jovens.

As bebidas foram trazidas da maneira usual. Duas garrafas de cerveja e copos, acompanhados de alguns petiscos baratos – pepinos, em sua maioria – em duas tigelinhas, com a conta dobrada ao meio sob uma delas. As contas geralmente acumulavam ao longo da noite e eram calculadas imediatamente antes da saída.

Só depois observamos os frequentadores. Todas as faixas etárias e níveis sociais pareciam estar presentes, a julgar pelos ternos elegantes e macacões de trabalhador.

Fizemos alguns comentários sobre o percurso de trem e de metrô e sobre aquele delicioso jantar, e, agora, confortavelmente acomodados, sem dúvida uma ou duas cervejas nos ajudariam a decidir o que fazer a seguir.

Logo, um dos caras à mesa se virou e disse:

– Olá.

Esse gesto amistoso deu abertura para um papo um tanto vacilante. Se meu espanhol era definitivamente limitado, o de Euan era nulo. Como muitos outros pelo mundo afora, nossos novos amigos tinham algum conhecimento do inglês, e pudemos então nos comunicar de maneira hesitante.

– Sim, é nossa primeira vez em Buenos Aires.

– Sim, é uma cidade linda.

– Não, não somos turistas; acabamos de chegar aqui para trabalhar.

Eles se apresentaram, Carlos, Raúl, Andrés e outros mais. Também nos apresentamos, e a conversa seguiu adiante.

– Claro, aqui tem muitas garotas bonitas.

– Não, ainda não assistimos a nenhuma partida de futebol, mas vamos assistir; já sabemos que há um bom time em Quilmes.

– Sim, sabemos que a Argentina vai sediar a Copa do Mundo de 1978.

Acenei para um *mozo* – o garçom – e pedi mais duas cervejas.

– Não, não somos gringos ianques de jeito nenhum! Somos da Grã-Bretanha.

– Ah, certo, enten... vocês são ingleses, não é? Vocês moram em Londres? – perguntou Carlos.

– Eca, não! Que inglês, que nada! Sou de Oolsta.

Nossos novos amigos exibiram uma expressão de total incompreensão.

– *Oirelan!* – disse Euan, surpreendentemente irritado.

Se eu me esforçava para compreender Euan, os demais não tinham a menor ideia do que ele dizia, e tive a impressão de que ele também começava a balbuciar as palavras, o que não ajudava em nada. Foi quando tentei explicar rapidamente que Ulster era como um país diferente da Inglaterra e da República da Irlanda. Já satisfeito pela habilidade com que contornara a estranha situação, de repente me senti desconcertado com a pergunta seguinte:

– Se vocês são ingleses, o que dizem então de Las Malvinas?

Eu ainda era um jovem inexperiente e não tinha a menor noção de que as Ilhas Malvinas, situadas a uns 440 quilômetros a leste da extremidade sul da Argentina, eram objeto de disputa de soberania e causa de uma longa rixa entre o Reino Unido e a Argentina. Embora o conflito entre a Grã-Bretanha e a Argentina pelas Malvinas só tenha ocorrido em outra década, eu estava prestes a descobrir o significado de "Las Malvinas" para a consciência política argentina.

Se eu estava totalmente alienado, Euan sabia tudo sobre as ilhas (naturalmente).

– Arre! Isso é uma baita besteira, totalmente estúpida!

De repente, o tom de intercâmbio entre nós se transformou. Os rapazes, que até então eram apenas sorrisos e descontração em meio a um papo desajeitado, subitamente se mostraram muito sérios. A linguagem corporal tornou-se tensa.

Lentamente, utilizando um inglês precário, mas principalmente o espanhol, tentei traduzir da melhor maneira possível as acusações contra os cruéis piratas ingleses que haviam roubado as ilhas dos argentinos, tal como os espanhóis descreveram Francis Drake, que se apoderou do ouro que haviam saqueado de alguém.

Euan, que tinha uma inigualável capacidade para recitar argumentos armazenados em sua prodigiosa memória, se enfureceu e começou a demolir as opiniões de cada um deles. Fez isso destacando algumas dolorosas verdades sobre a aquisição de terras da América do Sul por parte dos antepassados espanhóis da região. Afirmando que, nesse processo de aquisição de "direitos" e "títulos", as populações nativas tinham sofrido pura e simplesmente um genocídio. "Os ingleses jamais agiram assim", acrescentou.

Olhei em volta, espantado; a situação ultrapassava a minha experiência. Outros frequentadores do bar levantaram a voz, interpondo-se entre nós de maneira menos amistosa, em contraste com a marcante e calorosa recepção que eu recebera na Argentina antes daquela noite. Alguns tipos corpulentos se intrometeram na discussão e me vi tomado pelo desconfortável sentimento de que aquela noite não seria como o previsto.

Cada vez mais exaltado, Euan enfatizava a validade de cada opinião que defendia, esmurrando a mesa e ignorando a minha sugestão de sair daquele lugar. Ele não se apercebia dos homens à mesa e muito menos das expressões hostis nos rostos ao redor. De repente, ficou claro que os rapazes com quem discutíamos não queriam mais continuar com argumentos desagradáveis. Alguns tentaram conter os outros, aconselhando-os a nos ignorar.

– Tudo bem. Já é suficiente! Basta! Não queremos mais falar com você, inglês. Chega de papo. Basta! Basta! – disse Carlos, se virando de costas para nós. Claro, ele disse tudo isso em espanhol:

– *Okay. ¡Ya suficiente! ¡Basta! No queremos hablar mas contigo. Déjalo. ¡Basta! ¡Basta!*

Tal como em uma queda de bicicleta, o tempo tornou-se dolorosamente lento, mas eu me sentia impotente para impedir a inevitável queda.

– O que você disse, seu babaca de merda? – Euan gritou para Carlos e deu um salto. Com um movimento ágil, quebrou o gargalo de uma garrafa de cerveja na beira da mesa e brandiu uma nova arma maligna, assassina, inimaginável. Com os cacos de vidro reluzindo em uma das mãos que gingava com habilidade, ele se precipitou para cima de Carlos com a outra.

Na mesma hora, um dos seguranças golpeou o braço de Euan com um cassetete de madeira, fazendo-o largar a garrafa, que se espatifou no chão. Enquanto dois outros o imobilizavam pela cabeça e os ombros, um quarto segurança me dava uma gravata. Num piscar de olhos, cadeiras e mesas ficaram de cabeça para baixo, copos se espatifaram no chão, e, com ajuda de alguns clientes, Euan foi jogado para fora do bar. Caiu na rua como um saco. E a mim, eles simplesmente me lançaram. Olhei horrorizado para Euan, sem acreditar no que tinha acontecido. Lenta e desajeitadamente, ele cambaleou sobre os pés, com um sorriso absurdo e irritante, e depois começou a cantar! Fui forçado a concluir que ele realmente estava se divertindo.

Fiquei em estado de choque e fora de mim. Na verdade, fiquei morrendo de medo. Logo eu, um garoto tranquilo da Sussex Downs rural. Durante toda a vida, nunca tinha participado de mais que duas brigas de menino que terminaram com um único soco, e ambas resolvidas de acordo com as regras de Queensberry. Fiz o caminho de volta à estação o mais rapidamente possível, engolindo em seco à medida que respirava o ar frio da noite. Enquanto isso, Euan cambaleava no meio da rua aos berros: "Babacas de merda!", e gesticulava com sinais em "V" (o que, na Argentina, era totalmente sem sentido) para o bar, onde os seguranças enfileirados de braços dados formavam uma barreira humana. Segui em frente, na linha mais reta que pude trilhar.

Euan acabou me alcançando.

— Ei! Aonde você vai?

— Estou voltando para o colégio! — respondi sem olhar para trás. Eu não queria mais a companhia dele e já estava pensando no que diria ao diretor se chegasse sozinho. Mas o absurdo era que também me sentia responsável pela segurança de Euan; caso contrário, o teria deixado naquela multidão.

– Por quê? Não quer continuar?

– Continuar? CONTINUAR? – respondi, atordoado. – Não, eu não! Essa não é a ideia que faço de uma boa noite na rua!

– O cara me chamou de babaca! – Euan pareceu indignado. – Eu não podia, não podia engolir isso, podia? Hic.

– Ele não chamou você de babaca – argumentei irritado. – Ele disse *basta* em espanhol, ou seja, "já é suficiente". Você se descontrolou e exagerou. – Pensei em terminar a frase com "seu babaca burro", mas pensei melhor. Talvez houvesse garrafas de cerveja por perto.

Sentado no vagão do trem quase vazio, Euan enxugou o rosto e as mãos, que ficaram esfoladas depois que o arremessaram para fora do bar. Em seguida, arregaçou as mangas para exibir o ferimento provocado pelo golpe do cassetete de madeira.

– Babacas de merda! – murmurou, acrescentando algum tempo depois: – E então, paramos para uma cervejinha no caminho de volta?

– Não! – retruquei. – Claro que não. Nunca, em toda a minha vida, fui jogado para fora de lugar nenhum!

Ele me olhou de soslaio, como se dissesse que nunca tinha conhecido alguém que já não tivesse sido jogado para fora dos lugares com regularidade.

— Onde você aprendeu a fazer aquilo com garrafas? – Fiz a pergunta na tentativa de conciliar os dois lados de Euan: o intelectual erudito e o psicopata bêbado.

— No lugar de onde venho, isso já vem no leite materno – retrucou, em tom fatalista.

Eu tive de acreditar, mas fiquei horrorizado só de pensar nas lesões que aquela arma poderia infligir.

Ele olhou para as luzes que passavam do outro lado da janela e começou a cantarolar novamente.

Fiz o possível para parecer que não estava com ele.

Depois de um breve silêncio, ele disse:

— Se ficar comigo, vamos nos divertir, meu amigo!

Abri a boca, mas as palavras não saíram. O que ele queria dizer?

— Você só bebeu algumas cervejas de graça esta noite graças a mim! – explicou. – E agora você me deve, amigo!

Era verdade, não tínhamos acertado a conta das cervejas. Quantas? Duas – ou três – cada um? E o pior é que agora parecia que eu tinha algum tipo de dívida de honra com aquele canhão desgovernado.

Fiquei espantado com aquela lógica absurda. As palavras me falharam de todo. Achei melhor não dizer mais nada, temendo piorar a situação. Foi a primeira vez que me senti manipulado por ele, em xeque-mate.

Com ou sem xeque-mate, resolvi que nunca mais sairia com Euan. Mas o fato é que também tinha aprendido uma valiosa lição. A partir dali, pude entender a preocupação com as Ilhas Falkland e o fervoroso e patriótico nacionalismo dos argentinos.

Agora, deitado na cama, à espera do sono antes de partir de manhã cedo, comecei a elaborar uma estratégia, já que a fuga de Juan Salvador do Uruguai estava em jogo. Isso ainda precisava de um ajuste fino, mas estava começando a parecer possível que eu realmente assumira uma dívida com Euan McCree...

5
Estranhos costumes
Quando quase tudo ocorre de acordo com os planos

O despertador tocou às cinco da manhã seguinte. Mesmo que tivesse ido para a cama confiante de que tomara a decisão certa em levar Juan Salvador comigo para a Argentina, restavam alguns receios sobre o que aquele dia poderia trazer. Lá fora ainda estava escuro, mas levantei-me às pressas para ver se ele havia sobrevivido à noite e abri um largo sorriso quando entrei no banheiro e o vi aparentemente em bom estado e feliz por me ver. Ele bateu as asas, correu para cima e para baixo na banheira, balançou a cabeça e me olhou com o olho esquerdo e depois com o direito.

– Ah, bom dia! Dormiu bem? Tivemos um descanso, não é? *Melhor tarde que nunca, acho eu. Agora, hora de ir. O que faremos hoje? Alguma nova aventura?* – ele insinuou.

– *Hoje voltaremos para a Argentina de aerobarco* – eu disse –, *portanto, é melhor se comportar, meu amigo, e tudo ficará bem. É só deixar todo o falatório para mim, está bem?*

Juntei as coisas e acomodei Juan Salvador no saco de lona. Fiz uma última checagem no apartamento e tranquei a porta pela última vez. Segui em direção à estação de ônibus no frio e no escuro, torcendo fervorosamente para que os Bellamy nunca descobrissem que eu tinha lavado um pinguim naquele banheiro. Já havia feito o possível para remover todas as provas daquele extraordinário dia anterior e não deixara nada para trás, a não ser um persistente cheiro de ave marinha, disso eu tinha certeza.

Cheguei ao final da estrada e hesitei. Sem nenhuma alma viva ao redor, ouvia-se apenas a suave lapidação do mar, provavelmente frio e escuro, quase negro. A luz de um novo dia clareava ao leste no céu. À frente, dois amplos caminhos divergentes impeliam-me a fazer uma escolha. Depois da qual não poderia mais voltar atrás. Um deles era simples e tranquilo, sensato e sem complicações. Pois eu só teria de fazer o pinguim retornar à praia, onde ele rapidamente morreria de frio quando a água evaporasse de suas penas encharcadas, e depois eu seguiria apressado até o ponto de ônibus. Eu poderia racionalizar essa atitude, argumentando que o pinguim morreria de qualquer maneira e que eu tinha feito o melhor que podia, não é mesmo? O que mais se poderia esperar? Mas naquela mesma encruzilhada afigurava-se outro caminho profundamente difícil, cheio de espinhos e farpas e tão sombrio que nem mesmo se podia avistar a primeira curva, mas que dava uma chance de vida a Juan Salvador.

Isso podia ser chamado de escolha? Que tipo de escolha era essa?

Duas estradas divergiram no bosque, e eu...
Eu tomei a menos percorrida,
E isso fez toda a diferença.

Com a decisão em uma das mãos e um saco de lona disfarçado na outra, caminhei até a parada de ônibus na penumbra do amanhecer.

Àquela hora da manhã, havia poucas pessoas de viagem para Montevidéu, a maioria com a cara amassada de sono, de modo que não me senti deslocado com minhas coisas embrulhadas em papel e barbante. Quando o *colectivo* chegou, apenas com dez minutos de atraso e ocupado pela metade, peguei o assento ao lado de uma moça de boa aparência e quase com a minha idade; ela sorriu encorajadoramente para mim quando embarquei.

Durante meu tempo na América do Sul, aprendi a duras penas que, nos ônibus ocupados pela metade, era melhor sentar ao lado de alguém de sua própria escolha, ignorando os últimos assentos duplos desocupados, em que o acaso determinaria quem se sentaria ao seu lado. Eu já tinha cometido esse erro uma vez na Bolívia, quando a pessoa que se sentou ao meu lado depois de embarcar no ônibus era grande demais (não em altura), uma senhora nativa, de chapéu-coco e xale colorido. Junto a ela, três filhos pequenos, um amontoado de galinhas e um leitão, os quais fizeram grande parte da viagem dentro de caixas. Nem preciso dizer que, de todos os lugares disponíveis, ela sentou-se ao meu lado. Não só ocupou o próprio assento como quase todo o meu, fazendo-me conter ou repelir criancinhas mal-educadas e animais, ora dentro, ora fora de caixas, enquanto ela reorganizava seguidamente as próprias responsabilidades ao longo de um percurso de cinco horas.

Mas, agora, meus pertences estavam confortavelmente arrumados na mochila, e Juan Salvador, no saco de lona. Eu tinha colocado uma grande sacola de papel marrom sobre o saco de lona e passado as alças por dois orifícios cortados na base, de modo que não pudessem avistar o conteúdo. Isso porque não queria explicar para ninguém por que estava carregando um pinguim. E certamente não queria o benefício dos conselhos de legiões de indivíduos indubitavelmente bem-intencionados que aproveitariam qualquer chance para se alinhar em longas filas, dizendo: "Eu nunca faria isso se fosse você!". A sorte estava lançada. Era fato consumado, verdade absoluta. Levaria aquele pinguim para a Argentina de qualquer maneira; jamais o deixaria por conta própria depois da relutância que ele demonstrara na praia. Além do mais, Juan Salvador não duraria muito tempo naquele ambiente. Se não fosse atingido pelo óleo, provavelmente morreria de fome. Eu sabia que ele não tinha ingerido nada pelo menos por umas 12 horas e, antes de nos termos conhecido, talvez até por dias. Mas, se ele não sobrevivesse, certamente não seria por falta de esforço de minha parte. Isso era um assunto encerrado, indiscutível, isento de justificativas, debates ou aconselhamentos de quem quer que fosse.

A viagem de ônibus até Montevidéu levou umas duas horas. Foi um deleite atravessar pequenas aldeias e campos à medida que o sol e a temperatura subiam. Logo me vi conversando à vontade com a moça bonita ao meu lado, apenas para passar o tempo. Ela se chamava Gabriela e estava viajando ao encontro de uma tia em Montevidéu. Enquanto estivéssemos papeando, nem ela nem os outros passageiros repararjam em Juan Salvador escondido dentro do saco de lona e debaixo do papel marrom entre minhas pernas.

Pouco antes da chegada ao terminal em Montevidéu, um ligeiro odor de peixe perpassou pelo ônibus. Os passageiros olharam ao redor e farejaram o ar em busca de algum peixe desembrulhado. E, quando o odor piorou, trataram de verificar os sapatos para ver se tinham pisado em algo repulsivo ou se assegurar de que alguma coisa desagradável não tivesse caído misteriosamente das bolsas. Nenhum passageiro pareceu responsável pelo ocorrido, mas minhas bochechas coraram. Aquele desconcertante miasma não era um mistério para mim. Eu era o único dentro do ônibus que sabia que aquele fedor era causado pelo excremento de um pinguim, mas obviamente deixei os outros passageiros sem saber de nada.

Sentada ao meu lado, Gabriela naturalmente desconfiou de que eu fosse o culpado daquele terrível mau cheiro e de tudo que isso implicava. Olhou-me com ar de desprezo e nojo, mas não pude explicar. O que poderia dizer, "desculpe-me, é o pinguim"? Era tarde demais, o ônibus entrava na vaga de estacionamento e, além disso, eu nunca confiaria meu segredo para ela, mesmo sendo bonita como era.

Felizmente, chegamos à parada. Sem baixar os olhos para ver se havia guano derramado no piso, peguei minha bagagem e saí, deixando de lado todos os pensamentos a respeito de Gabriela e do que poderia ter acontecido.

Sumi de vista por uma rua lateral e segui uma placa que indicava uma praça. Cheguei, então, a um aprazível lugar da cidade, com gramado, árvores e bancos; a própria imagem de um recanto de lazer naquela grande, embora um tanto depredada, cidade colonial. Em um dos lados, em frente à praça, destacava-se uma esplêndida catedral barroca, mas o melhor para o meu propósito era o ar livre.

O café da manhã era servido nos terraços externos de bares e restaurantes. Sentei e fiz o pedido. Examinei o saco de lona coberto de papel; sem sinal de guano, apenas uma manchinha. Depois de ajeitar o saco para ocultar o conteúdo de olhos curiosos, levantei levemente a parte de cima e percebi, com alívio, que Juan Salvador estava aparentemente bem. Sem nenhum sinal de estresse e sem tentativa de fuga, ele olhou ainda imóvel para mim.

– *Já estamos quase lá?* – ele me perguntou, sem nenhum pedido de desculpas pela gafe anterior.

– *O que EU estou fazendo com um pinguim?* – pensei em voz alta. – *Você tem alguma noção do quão isso é terrível e embaraçoso para mim, Juan Salvador?* – Ele continuou me olhando, claramente indiferente ao meu calvário.

Respirei fundo, resignado. Já não podia fazer mais nada a respeito. Afinal, a sorte não estava lançada, não era um fato consumado? Verdade absoluta. De novo, meus pensamentos zombaram de mim. Mas, a despeito do que pudesse ocorrer, só me cabia seguir em frente e lidar com aquilo da melhor forma possível. Além do mais, pensei, nada poderia piorar, ou poderia?

— *Vamos pegar o próximo aerobarco. Vai ser divertido! Mas, por favor, sem mais surpresas, está bem?* – implorei a ele.

Como levaria uma hora para chegar ao porto, recobri Juan Salvador e preparei-me para desfrutar o café da manhã enquanto observava o mundo passar. Em seguida, um fumegante café reavivou meu estado de ânimo.

Na América do Sul, o dia a dia da maioria dos meninos ainda em idade escolar era jogar futebol ou trabalhar para complementar a renda familiar. Por isso, as cidades eram repletas de incontáveis engraxates, um arranjo em benefício de sapatos limpos para todos, dinheiro no bolso para os meninos e uma ocupação que não os deixava de mãos ociosas.

Um deles saiu correndo e sentou-se à minha frente com uma caixa de madeira artesanal, cuja alça, cuidadosamente projetada, se dobrava como apoio para os pés dos clientes. Por tradição, raramente ocorria uma comunicação verbal nessas transações. Se o cliente aceitasse o serviço, colocava o pé na caixa. Se os sapatos não precisassem de graxa, ignorava o menino, que se afastava em silêncio, sem que nenhuma das partes se sentisse ofendida. Coloquei o pé na caixa, e ele começou a engraxar. Limpou a poeira vigorosamente e, com uma parcimônia nascida da necessidade, aplicou o mínimo possível de graxa no pincel e começou a polir, esfregando arduamente para compensar a falta do produto. Quando se davam por satisfeitos e merecedores do dinheiro pelo primeiro sapato, eles batiam duas vezes no pé do cliente com a parte de trás do pincel, indicando que estavam prontos para o outro pé.

Quando o menino passou para meu segundo sapato, comecei a me perguntar como poderia impedir o derramamento de guano de Juan Salvador no aerobarco em que faríamos uma viagem de mais de três horas. Sentado na praça sob o sol de inverno, me senti culpado pelo constrangimento causado por Juan Salvador no ônibus. Imaginei que todos os policiais de Montevidéu estavam à procura do portador-fantasma de um pinguim, cuja descrição já estava divulgada: "Europeu louro, vestindo jaqueta vermelha de esqui e calça jeans, transportando um pinguim num saco de lona". Nunca me senti tão conspícuo.

O menino bateu no meu pé novamente para indicar o término da tarefa; depois de inspecionar os sapatos, deixei cair alguns pesos na mão dele.

Engraxates tinham por regra não gastar muito tempo com clientes. Eles passavam um ou dois minutos, no máximo, com cada freguês, cujos sapatos raramente precisavam de mais polimento por conta da frequente limpeza. Eles também não discutiam sobre dinheiro. Apenas saíam correndo para o próximo e mais provável cliente à vista. Mas aquele menino quebrou a tradição.

– *Señor* – disse.

Olhei para baixo um tanto surpreso, tal como um bedel olharia para Oliver Twist.

– Tem um pinguim nesse saco? – De onde estava, ele avistara os pés de Juan Salvador. – Posso ver?

Depois de me certificar de que ninguém nos observava, levantei ligeiramente o saco de papel para que ele pudesse espreitar por baixo. Os dois se entreolharam em silêncio, cara a cara, por um bom tempo, e, olhando-os, me dei conta de uma troca entre ambos que transcendia as palavras; menino e pinguim, em linguagem própria.

De repente, quebrou-se o feitiço, saindo dos lábios do menino quase a mesma pergunta que tinha feito a mim mesmo alguns minutos antes.

– Por que está carregando um pinguim?

Quanto ele sabia? O que tinha ouvido do pinguim? Tentei responder:

– Porque... hum... Bem, porque... – Cada vez que iniciava a frase, as palavras simplesmente secavam. Por que eu carregava um pinguim dentro de um saco de lona em plena Montevidéu? Tentei novamente: – Porque...

– Porque você é inglês. – O menino acudiu-me gentilmente, balançando a cabeça como se fosse um tipo de conhecimento escolar. Era uma afirmação, não uma indagação.

– Olhe só. – Ignorei a iniciativa dele. – Isso não importa. Preciso de um saco de plástico resistente para colocá-lo dentro. Dou-lhe 50 pesos se encontrar um desses para mim.

Ele me olhou nos olhos, ponderando, é claro, o dinheiro que poderia ganhar com o crescente número de transeuntes que queriam os sapatos engraxados, contraposto ao tempo que levaria para obter um saco de plástico e ganhar a gorjeta. Fiel à tradição, ele barganhou.

– Que tal 100? – Seu sorriso insolente luziu em meio à sujeira em seu rosto travesso. Para mim, entregar o jogo facilmente contrariava todas as regras da barganha.

– Tudo bem... com a condição de trazê-lo aqui antes que eu termine o café. – Eu precisava mostrar quem era o chefe! Sem outras palavras, ele apenas olhou para minha xícara e se foi.

Eu terminava meu vagaroso café da manhã quando o vi correndo de volta pela praça com o saco requisitado. Entreguei-lhe 200 pesos e ele deu um pulo, sorrindo de orelha a orelha.

O *aliscafo* – aerobarco – que circula entre Montevidéu e Buenos Aires oferece um bom tempo ao viajante que, inesperadamente, se faz acompanhar de um pinguim itinerante como companheiro de viagem, deixando-o antecipar eventuais reações dos funcionários aduaneiros no outro lado da fronteira. Na verdade, com um aerobarco extremamente barulhento, um percurso acidentado e as pequenas janelas encardidas, aos passageiros não restava nada a fazer durante a viagem senão se entregar aos próprios pensamentos. Era praticamente impossível conversar (agradeci por isso) ou ler. Assegurado pela privação sensorial dos outros viajantes, devido ao rugido dos motores e à explosão de ar frio nas três horas de travessia no rio da Prata, conjeturei sobre a natureza dos pinguins e, por consequência, sobre um possível obstáculo mais adiante. Lembrei-me então de um estratagema arquitetado na noite anterior, quando Euan McCree me veio à mente: atravessaria a Alfândega com Juan Salvador escondido, dizendo "nada a declarar". E se, por algum erro de cálculo, me desmascarassem, eu simplesmente estaria repatriando um pinguim *argentino* em migração, que se ferira por um infeliz acaso e que só ficaria comigo enquanto convalescia. Depois de recuperado, ele seria devolvido à natureza. Mas esse era realmente o plano, seria bem melhor que deixá-lo no jardim zoológico de Buenos Aires. "Por acaso esse tipo de conduta viola algum regulamento?", acrescentaria.

A ênfase na origem argentina do pinguim seria um apelo ao sentimento nacionalista de qualquer oficial da Alfândega. Segundo o que aprendera naquela recente briga de bar, tal sentimento era o centro da psique nacional. Eu esperava demonstrar inocência frente a qualquer acusação de bioterrorismo ou de importação ilegal de espécies exóticas. Assim preparado, relaxei e entreguei-me aos cuidados da Divina Providência, mas devo admitir que não sem algumas dúvidas.

Naquele tempo, a Alfândega e o Controle de Imigração da Argentina não eram muito diferentes de órgãos iguais no resto do mundo. Atualmente, se dá mais espaço aos indivíduos, e eles são tratados com mais respeito. Naqueles dias, o setor alfandegário não era um lugar alegre.

Eu não era um estranho para os sombrios escritórios de imigração nas docas de Buenos Aires. Ao chegar à Argentina, só havia ganhado um visto de turista. Só se obtinha um visto de trabalho e residência com a anuência do Departamento de Imigração. E, para isso, os trabalhadores estrangeiros tinham de demonstrar conhecimentos e habilidades superiores aos dos trabalhadores locais e benefícios significativos para a nação. Com toda a arrogância da juventude, fiquei espantado quando descobri que a concessão para minha autorização de trabalho não seria automática.

Para o "visto de trabalho" no Controle de Imigração das docas, os candidatos tinham de se apresentar na data designada e com todos os documentos necessários. Os que não eram vistoriados até o final do dia tinham de se reapresentar na manhã seguinte e entrar na fila novamente, dia após dia.

Embora os padrões de vida na Argentina daquele período pudessem parecer baixos para as populações dos países mais desenvolvidos, eram muito cobiçados pelos vizinhos pobres do norte do país. Por consequência, sempre havia um grande número de candidatos enfileirados nas docas. Contudo, a Argentina não queria trabalhadores estrangeiros não qualificados e sempre procurava detê-los, tornando o processo de solicitação de visto de trabalho complicado, lento e desagradável.

Mas havia formas de atenuar o martírio no Controle de Imigração. Os profissionais com oferta de trabalho de empresas argentinas recebiam tratamento preferencial. Às vezes, os empregadores enviavam outro funcionário com os documentos necessários no lugar do estrangeiro para marcar a entrevista, mas ninguém tinha alternativa (exceto o suborno) a não ser entrar na fila nas docas.

O colégio St. George utilizava um aposentado inglês, nascido na Argentina, para resolver o procedimento de pedido de visto de seus funcionários. Foi então que, por uma pequena quantia, Geoff pegou meu passaporte e passou alguns dias na fila do escritório do Controle de Imigração para marcar uma entrevista para mim. O segredo do sucesso era a perseverança. E o valente Geoff passou muito mais tempo naquela fila que eu (embora o tenha substituído algumas vezes). Compartilhamos cerca de dez cansativos dias, distribuídos ao longo de alguns meses, até que finalmente carimbaram uma autorização de trabalho no meu passaporte.

Mas, desta vez, cheguei ao porto de Buenos Aires e juntei-me nervosamente à fila de "Entrada" no longo corredor. Depois que apresentei passaporte e visto para o primeiro oficial de imigração desimpedido, conduziram-me ao encontro de um funcionário aduaneiro nas filas de espera. Centenas de passageiros arrastavam-se nas filas para colocar a bagagem sobre a mesa em frente aos funcionários que, por sua vez, os interrogavam enquanto a examinavam. Guardas armados circulavam e supervisionavam o trabalho dos funcionários aduaneiros – parte do punho de ferro imposto pela lei marcial que vigorava por toda a Argentina após o último golpe militar.

Embora com a garganta seca, confiei no argumento ensaiado e segui a fila com muita manha, carregando Juan Salvador aos meus pés. Fiz isso como um bom pai de um pinguim que simplesmente deslizava à minha frente. Foi tudo tão fácil!

Quando chegou minha vez, coloquei a mochila em frente ao oficial que a Providência escolheu para mim. Um rapaz uniformizado e sagaz cumprimentou-me com um cortês *"buenos días"*, mas eu ainda nem tinha respondido quando apareceu um segundo oficial batendo no relógio de pulso.

– *Gracias* – disse o primeiro oficial, preparando-se para sair.

Que terrível mudança na sorte! "Muito obrigado, destino." O segundo oficial era um tipo acima do peso, com papada flexível e mandíbula inferior desproporcionalmente grande para a cabeça. Com um uniforme pardo mal-ajambrado e uma gravata afrouxada, ele tinha a gola da camisa desabotoada, em função do excesso de gordura, e um cigarro feito à mão apagado e colado no lábio inferior. O bigode era grisalho e manchado de nicotina e a barba, de dois ou três dias, a julgar pelo proeminente queixo agrisalhado. Óculos escuros espelhados em armação pesada impediam-me de enxergar seus olhos. Nenhum outro funcionário daquele lugar teria me deixado com tanta sensação de mau agouro.

– Algo a declarar? – ele perguntou.

– Não – respondi para meu reflexo nos óculos dele.

– Onde você estava? – inquiriu, sem tentar parecer agradável ou acolhedor.

– Hospedado no Uruguai.

Obviamente, eu era um mero turista europeu sem interesse algum, de modo que ele acenou com a cabeça para que eu seguisse em frente. Peguei a mochila e saí andando. Eu tinha passado! Oh, bem-aventurança! Oh, alegria! Nada teria sido mais fácil. Por que tantas dúvidas haviam nublado a minha tarde? De repente, aquele oficial me pareceu normal, se não angelical.

Comemorei cedo demais a vitória, no entanto. Até hoje não sei ao certo se acabei passando minha exaltação para Juan Salvador ou se simplesmente acabei pisando nos dedos dele. Seja qual fosse a razão, tão logo suspirei de alívio, Juan Salvador proferiu seu primeiro som ouvido por mim. Um grito alto e penetrante de três sílabas distintas irrompeu do saco de papel.

Em um segundo, o burburinho de centenas de vozes se arrefeceu e fez-se silêncio absoluto, e toda a multidão se virou para tentar identificar aquele extraordinário barulho. Quando o silêncio se tornou mais ameaçador, um crescente calor de centenas de pares de olhos cravou-se no meu rosto vermelho como pimentão. De repente, todos se interessaram por meus assuntos pessoais, encantados com a distração e na esperança de que seus próprios segredos obscuros permanecessem ocultos, já que agora os oficiais estariam entretidos com meu desconforto. Logo imaginei todos os guardas armados desembainhando as armas e sacando as algemas.

– Que diabo foi isso?! – gritou o oficial de plantão, em estado de alerta e farejando sangue. Ele inclinou-se sobre o balcão e olhou para o saco que eu tentava esconder aos meus pés.

– Isso o quê? – tentei ganhar tempo.

– Isso, nesse saco que você está tentando esconder!

– Ah, isso? – falei. – É só um pinguim e não estou tentando esconder nada! – Fiz o possível para parecer indiferente e confiante, mas sentindo-me distante de ambas as opções. Se o incidente no ônibus tinha sido embaraçoso, o de agora era, de longe, bem mais sério.

– Você não pode trazer animais para a Argentina! O contrabando de animais é um delito muito sério neste país!

Já com um argumento ensaiado, flagrei-me explicando educadamente para o guarda que os pinguins não eram "animais", e sim aves migratórias selvagens, e que por isso se moviam ao longo da costa da Argentina e do Uruguai, chegando inclusive a lugares distantes como o Brasil, sem a permissão de ninguém. A razão pela qual aquele pinguim entrava por aquela porta em especial, por aquele ponto de retorno para o território argentino, se devia apenas a uma infeliz lesão que ele sofrera, o que exigira uma viagem temporária em minha companhia enquanto convalescia, expliquei, pois logo estaria livre para migrar à vontade.

Continuei falando porque temia o que poderia acontecer a seguir se parasse de falar. Em circunstâncias normais, um pinguim jamais incomodaria os oficiais aduaneiros da República. Além do mais, eu não poderia ser acusado de contrabando porque se tratava de um pinguim argentino, de modo que não fazia nada mais que repatriá-lo. (Fiquei satisfeito com essa linha de raciocínio, na certeza de que funcionaria particularmente bem. Claro, isso não aconteceu.)

O policial ouviu meu argumento, encarando-me com desconfiança, obviamente, sem compreender o rigor impecável de minha lógica. E sem alterar a expressão azeda. Fiquei com uma arrepiante sensação de que o governo militar recentemente no poder talvez não compreendesse as sutilezas do *habeas corpus* em favor dos pinguins e, naquele exato momento, também não me senti muito confiante sobre a eficácia de sua aplicação nem mesmo a favor de pessoas.

– Venha comigo. – Ele me conduziu a uma saleta privada, acenando ameaçadoramente com o dedo indicador. Peguei a mochila e o saco com Juan Salvador e o segui com uma sensação de desgraça iminente. Ele fechou a porta pesadamente atrás de mim. Que mau cheiro naquela pequena sala de interrogatório, cujas paredes sólidas impediam a propagação do som.

– Mostre-me – ele disse.

Coloquei o pinguim em cima da mesa e removi o saco de papel. Juan Salvador olhou para mim e depois para o oficial.

– Ora! É realmente um pinguim! – ele disse espantado, aparentemente surpreso.

– Foi o que lhe disse. Os pinguins são aves migratórias e não costumam passar com regularidade pela Alfândega, imagino. Esse pinguim argentino só vai ficar comigo enquanto estiver se recuperando do acidente.

Fez-se um silêncio desconfortável enquanto ele ponderava, ora olhando para Juan Salvador, ora para mim.

– Você tem certeza de que é um pinguim argentino? – Inclinou-se, ainda em dúvida, e observou Juan Salvador mais de perto. – Isso faz diferença.

– Claro que sim. – Fui enfático. – Sem a menor dúvida. Foi chocado perto do rio Gallegos. – Fica no extremo sul do território argentino. – Veja essas marcações. Como pode ver, sou especialista em pinguins. – Foi um blefe na suprema confiança de que Juan Salvador não poderia denunciar essa ultrajante mentira.

O funcionário da Alfândega observou o pinguim por algum tempo, enquanto coçava o queixo.

– Hummm.

Juan Salvador retribuiu o olhar, mas de modo antagônico, cara a cara, sem o balanço curioso da cabeça de lado a lado. O oficial piscou primeiro. Por fim, pareceu chegar a uma conclusão.

– Sim... Agora, posso ver... claro – disse.

Após uma rápida checagem para ver se a porta estava mesmo fechada, ele se inclinou sobre a mesa, levando o rosto para bem perto de mim.

– Você tem dólares? – sussurrou baixinho entre os dentes, com um sorriso asqueroso, um olhar furtivo por cima do ombro e esfregando o polegar contra o dedo indicador, um gesto conhecido em todo o mundo.

Foi quando finalmente a ficha caiu. Claro, não se tratava de violação a leis ou regulamentos, e ele não dava a mínima para o pinguim. Simplesmente queria um suborno e achou que talvez eu me recusasse a soltar alguns dólares. Eu tinha algumas verdinhas no bolso, mas não pagaria pelo privilégio de cuidar de um animal que me causara tantos problemas. Sem falar que o oficial acabara de enfraquecer consideravelmente o caso, e a meu favor. Xeque-mate! Era minha vez de ganhar. Dei dois passos para trás, como se aviltado.

– Como o senhor se atreve a me pedir suborno? – falei, com toda a pompa que meus 23 anos puderam reunir. – Vou me queixar às autoridades! Onde está seu comandante?

Eu sabia que a ameaça de reclamação logo após o golpe dos militares traria alguma reação. Girei o corpo e segui em direção à porta.

– Fique tomando conta do pinguim! – falei, por cima do ombro. – Ele gosta de sardinhas pequenas. Muitas sardinhas. Ah, sim, eu não colocaria os dedos perto do bico se fosse você!

Mas ainda nem tinha chegado à porta, quando soou uma ordem gutural e ameaçadora:

– Pare! Nem mais um passo, *señor*!

O cara tinha puxado a arma? Será que desta vez eu tinha cometido um terrível erro e afastado a sorte para bem longe de mim? Congelei de imediato e me virei lentamente. Ele ergueu o pinguim pelo dorso acima da mesa e a certa distância, dizendo:

– Pegue-o. Você não pode deixá-lo aqui. – E depois acrescentou com um sorriso insinuante: – Não há necessidade nenhuma de que alguém saiba disso, não é mesmo? Não é mesmo?

Em seguida, peguei Juan Salvador e desapareci na multidão antes que o oficial mudasse de ideia ou fizesse algum comentário sobre o guano deixado na mesa da sala de interrogatório.

A etapa seguinte da viagem – desde o porto até o terminal do metrô, depois até a estação de trem de Constitución e depois até Quilmes na linha ferroviária FCNGR – levou menos de uma hora e transcorreu sem incidentes. Em seguida, um simples percurso de 15 minutos de ônibus, e chegamos em casa.

Cumprimentei os guardas no portão do colégio com um feliz *"hola"*, tentando soar tão normal quanto possível e, depois de prometer contar tudo sobre as aventuras de minha viagem após um banho, corri em direção a meu apartamento, torcendo para não encontrar ninguém no caminho.

Oh! Quão imenso suspiro de alívio saiu do meu peito quando abri a porta da frente e fechei-a atrás de mim! Coloquei Juan Salvador na banheira. Ele parecia bem, considerando que estivera dentro de um saco de lona o dia inteiro.

– *Bem, aqui estamos, em casa!* – falei, enquanto ele esquadrinhava o novo ambiente. Mas sem olhar para mim. – *Algum problema com você?* – perguntei.

– *Rio Gallegos, uma ova! Fique sabendo que fui chocado nas Ilhas Falkland!* – Foi uma resposta inquestionável.

– *Já estou cansado de você!* – comentei. – *Já causou problemas bem maiores do que você vale por um dia. Basta! Aliás, por que soltou aquele berro na Alfândega? Primeiro me causou toda aquela vergonha no ônibus e depois quase me fez ser preso.*

Finalmente, ele se virou para mim com uma expressão derretida e me fez sorrir, pois, apesar de todos os contratempos, eu o tinha levado para casa, para a Argentina.

"Rio Gallegos, uma ova!"

6
Você deveria pescar

Quando recebo muito mais que o esperado
por uma viagem de compras

Só quando esfreguei Juan Salvador senti que o proeminente osso do peito parecia uma navalha afiada. Quando ele havia comido pela última vez? Se me apressasse, encontraria os mercados ainda abertos. Retirei alguns milhares de pesos em notas de meu esconderijo para seguir até o centro de Quilmes. Peguei a bicicleta, enchi os pneus com a bomba (fazia isso antes de cada saída) e logo depois estava a caminho.

Os seis meses posteriores à minha chegada rapidamente me forçaram a aprender como sobreviver a uma economia com inflação galopante.

Na minha chegada ao Aeroporto Internacional de Ezeiza, em Buenos Aires, meu novo patrão, o diretor do St. George, recebeu-me e levou-me até o colégio num dos muitos Falcons Ford onipresentes na cidade. Durante o percurso, recebi informações sobre a história, a geografia e a economia da Argentina; fiquei sabendo, por exemplo, que receberia um adiantamento de salário. Após uma refeição, ele me conduziu ao escritório e lá me entregou 1,5 milhão de pesos em notas novas (impressas em Londres, por De La Rue, reparei), aconselhando-me a comprar tudo que me fosse necessário naquela mesma tarde na cidade.

Quilmes fora um bairro agradável de Buenos Aires durante a construção do colégio, mas a mudança da moda tornou os distritos do norte mais cobiçados. E agora Quilmes emanava a sensação distinta de um bairro urbano do interior. Ruas asfaltadas de concreto rachado em grandes lajes assemelhavam-se a blocos de gelo. Havia cabos de eletricidade embaralhados entre postes, em aparente gratuidade para todos, e tampas de esgotos projetadas para cima de uma pavimentação em ângulos estranhos. Como todas as cidades argentinas, Quilmes tinha construções urbanas de 100 metros quadrados, com as bordas das quinas cortadas em 45 graus, muitas vezes com uma porta para evitar ângulos agudos nas esquinas.

Se algumas edificações eram obviamente lojas, outras eram mais ambíguas, aparentemente fechadas de maneira segura, com grades rolantes de metal que, além de proteger portas e janelas, tornavam-se parte integrante da construção. Isso as deixava extremamente seguras, embora não muito atraentes. Em cada prédio, uma oficina ou um quintal para isso ou aquilo, com amontoados de aparelhos domésticos, motos, fragmentos de metal e borracha ou bugigangas que rolavam em cascata de interiores escuros até a calçada. Trabalhadores de ternos encardidos sempre estavam fumando e batendo papo, agitados.

Como se poderia gastar uma nota de 100 mil pesos? O que valia esse dinheiro? Eu tinha carregado todos os itens básicos do cotidiano na bagagem de mão, e tudo o mais chegava por mar. E, sem fazer ideia do que necessitava, seria uma perda de tempo pensar em como gastar o dinheiro.

Foi uma grande surpresa descobrir que não fazia ideia do que era prático. Não só não sabia o preço de nada, como também não sabia estimar o preço de nada. Quanto se poderia pagar por uma cerveja quando se tinha 15 notas que totalizavam 1,5 milhão de pesos no bolso? Claro que a taxa de câmbio não me era desconhecida, mas isso não ajudava. Os itens manufaturados eram bem mais caros que na minha terra, e o trabalho era barato. Os professores podiam se dar o luxo de contratar uma empregada doméstica, uma cozinheira e um jardineiro para a casa, mas a compra de um carro geralmente estava fora de cogitação.

E assim passei minha primeira tarde explorando o subúrbio de Quilmes. Almocei. Isso foi fácil: havia sempre um menu do lado de fora dos restaurantes com o preço de cada prato, e, depois disso, fiquei com o bolso entupido de troco. Comprei cervejas, frutas, café e leite e retornei ao colégio para o chá.

Naquela mesma noite, reencontrei o diretor.

– Gastou todo o dinheiro? – ele quis saber.

Admiti que não tinha gastado tudo porque não sabia o que queria. Ele ficou furioso, como se eu tivesse cometido um pecado mortal.

Falou-me que não importava o que se queria: o que importava era comprar tudo pelo que se pudesse comprar, e depois fazer uma lista das compras e colar nos fundos do colégio. Segundo ele, eu só poderia reaver metade do valor no segundo dia porque a inflação corria em cerca de 100% ao mês.

Por que ele não tinha explicado direito logo de cara?, pensei comigo. Não era a primeira vez que tinha a impressão de que a comunicação não era o ponto forte dos que se interessavam por economia.

No dia seguinte, a primeira tarefa seria sair para gastar. Somente algumas lojas estavam abertas, e, nelas, os preços mudavam constantemente. Em geral, mantinham-se fechadas, a menos que o proprietário precisasse de algum dinheiro ou tivesse a garantia da restituição do estoque.

Nos minimercados, os funcionários inspecionavam as prateleiras e reajustavam os preços não em 3% ou 5% ao dia, mas simplesmente dobrando-os a cada duas semanas. Quando determinado preço estava muito alto, era um autoajuste alcançado pela inflação nos dias seguintes. Às vezes, os funcionários mudavam os preços dos itens colocados nas cestas de compras, outras, até na boca do caixa, quando alguém olhava para o preço marcado e dizia: "Hoje isso está custando o dobro!" E, ao consumidor, só restava comprar ou não o produto, ou então tentar regatear, o que, às vezes, dava certo.

Comprei jeans que não cabiam em mim e camisas que nunca seriam usadas. Comprei jogos de café e cremes dentais. Comprei quantidades absurdas de conjuntos de talheres baratos, com cabos de bambu envernizado em hediondas embalagens de plástico verde. (Indiscutivelmente, qualquer quantidade de talheres com cabos de bambu envernizado em hediondas embalagens de plástico verde seria um absurdo, mas comprei uma dúzia de caixas!) Comprei aparelhagem e rolos de tecido e filmes para câmeras que nem possuía. Comprei espirais de mata-mosquitos que poderiam durar uma vida inteira.

Consegui gastar quase todo o dinheiro, mas não tive o menor problema em vender os produtos mais tarde, inclusive os medonhos talheres que foram adquiridos pelo diretor (o que me deixou intrigado).

Em pouco tempo, descobri que, como estrangeiro, poderia comprar cheques de viagem em dólares, o que implicava não me aventurar em absurdas expedições comerciais a cada mês. Outra consequência da inflação era que salários e vencimentos, de acordo com a lei, deviam ser pagos no meio do mês, uma tentativa de proteger os trabalhadores. Por que, argumentava-se, em tempos de inflação alta, o empregador deve ter a vantagem do pagamento em atraso?

Melhor ainda, o subsídio de férias era distribuído no último dia de trabalho que as antecedia. Ou seja, pagava-se o total das férias de verão no início de dezembro – na Argentina, o verão se estende de dezembro a fevereiro. Claro que seria ótimo receber o salário com três meses de antecedência, mas, quando o recebi no escritório, em dezembro daquele ano, me dei conta de que era um montante de quatro meses. Fiquei intrigado e me disseram que incluía o meu *aguinaldo*. "Ora, claro!", não quis parecer mais estúpido que o necessário. Mas, depois, outros membros da equipe me disseram que o tal *aguinaldo* era um bônus de Natal.

Eva, "Evita" Perón, a segunda esposa de Juan Perón, que exercera uma imensa influência política em sua primeira administração na década de 1940, tinha sido fundamental na introdução de inúmeras reformas financeiras como as que beneficiavam os trabalhadores. Não admira que tenha sido adorada pelos *descamisados,* como ela própria se referia aos trabalhadores em eletrizantes discursos e transmissões que galvanizaram o apoio dos pobres "oprimidos" para a causa peronista. Infelizmente, em última análise, a catástrofe financeira dessa mesma administração causou um mal a esses mesmos trabalhadores que eles nem sequer imaginariam à época.

Fiquei fascinado pela inflação durante minha estadia na Argentina. Os que se adaptavam e conviviam com a situação acabavam por encontrar maneiras de usá-la em proveito próprio, enquanto o governo peronista mantinha as taxas de juros baixas. Os proprietários de imóveis explicavam-me com orgulho que os compravam em hipoteca porque, depois de alguns poucos anos, o desembolsado equivalia ao custo de dois litros de cerveja, e que esse custo cairia pela metade no mês seguinte, e assim por diante. Em contrapartida, muitos acabavam perdendo, porque a inflação é uma doença econômica, e levei algum tempo para entender com mais clareza como isso funcionava.

Já no mercado, entrei aliviado na fila da peixaria porque as sardinhas pequenas não estavam em falta, mas também impaciente porque a barriga de Juan Salvador roncava na minha consciência. À minha frente, uma senhora vestida de preto da cabeça aos pés, com o semblante e o temperamento de um buldogue com dor de dente, lutava com o preço do pescado do dia. Embora eu fosse simpático à sua causa, havia um pinguim à minha espera.

Uma vez que a inflação estava controlada, optara-se recentemente por uma "revalorização" do peso argentino. O Uruguai tomara uma decisão semelhante, e agora o "novo" peso uruguaio era avaliado em mil pesos velhos. Já que tudo custava milhares, ou dezenas de milhares, ou centenas de milhares de pesos, a divisão por mil era simples – era só tirar "mil". Assim, uma cerveja que custava 10 mil pesos "antigos" passou a custar 10 pesos "novos" após a mudança. Todos compreenderam, e a transição foi fácil.

Contudo, para não ser vista como imitadora de seu minúsculo vizinho do norte, a Argentina escolheu o caos ao rejeitar o senso comum. Um peso novo valia apenas 100 pesos velhos. A senhora postada entre mim e as sardinhas de Juan Salvador era a mais recente vítima daquilo que rapidamente se tornava um pandemônio geral. A divisão dos preços por 100 causava problemas para muita gente. A cerveja que, antes, custava 10 mil pesos argentinos "velhos", agora custava 100 pesos "novos", o que, para muitas cabeças, não era tão simples de calcular, especialmente quando se ficava com poucos pesos depois de uma noitada. Pior, alguém teve a brilhante ideia de imprimir novas denominações por cima das notas já existentes nos bancos, e fizeram isso de tal maneira que nem o novo nem o velho número eram legíveis.

O peixeiro fazia de tudo para tranquilizar a valente senhora, dizendo que os novos preços estavam corretos e que ela não tinha sido enganada, muito menos perdido as economias de toda uma vida. A situação não melhorava em nada porque ele também já estava confuso e discutia com outros clientes da fila sobre a melhor forma de convencer a velha senhora. Obviamente, aquilo levaria a noite toda, e tudo o que eu queria era voltar para casa e alimentar Juan Salvador. Que droga! Já estava a ponto de gritar de frustração, mas, com o pouco autocontrole que me restava, apenas resmunguei discretamente e disse em inglês:

– Oh! Pelo amor de Deus, querida, tire seu traseiro daí.

A velha senhora parou de falar na mesma hora e cercou-me com os olhos em chamas, batendo-me diversas vezes no peito com uma bolsa preta enquanto seu xale escorregava. Continuou me batendo mesmo quando tentei segurá-la pelas mãos. Por fim, no mais superior e refinado dos tons, ela disse:

– Mocinho! Como ousa falar assim comigo?

Oh, que vergonha! Era como se minha avó me ouvisse dizendo um palavrão quando eu tinha 10 anos, e nem me passara pela cabeça ser indelicado com ela.

Claro, só mais tarde consegui elaborar o que deveria ter dito: "Senhora, por favor, desculpe-me por minha imperdoável grosseria". E depois, com um floreio gentil, deveria ter insistido em reembolsá-la pelos peixes como forma de compensação pelo sofrimento que lhe infligira. No entanto, envergonhado, naquele momento me faltou esse *savoir faire*, mas o deixei reservado para a próxima vez que a encontrasse na fila.

Cheguei em casa e Juan Salvador acolheu-me correndo de uma ponta a outra na banheira. Que pinguim curioso! Esticou-se todo para ver o que eu carregava.

– *O que há na sacola de compras? Deixe-me ver.*

Coloquei o saco das sardinhas na pia, sentei na borda da banheira, peguei uma sardinha pelo rabo e a sacudi no ar. Ele não prestou atenção; passei então a sardinha perto do bico e a balancei perto da narina dele.

– *Vamos lá!* – falei. – *Não quer provar um delicioso peixinho fresco do mercado de Quilmes? Essas sardinhas são o melhor que o dinheiro pode comprar! Mostre um pouco de gratidão, seu pinguim.*

Ele fechou os olhos e fez um rápido meneio de cabeça, seguido por um arrepio de nojo enquanto levava o bico para baixo do peito em gesto de repulsa.

– *Não! Tire essa coisa mole e desagradável de perto de mim. Só como peixe!* – Foi como se ele tivesse dito claramente em palavras. Sem dúvida, ele não estava nem um pouco interessado naquelas pequenas sardinhas. O que faria, então? Se ele não comesse o mais cedo possível, seu fim estaria próximo. Será que poderia alimentá-lo à força?

Agarrei-o pela cabeça e, com os dedos, forcei os cantos do bico para que ele o abrisse. Feito isso, enfiei o peixe pela boca e o mantive seguro para que ele provasse, e depois o soltei. Ele agitou a cabeça violentamente e arremessou a sardinha, que passou voando ao meu lado, chocou-se na parede atrás de minha cabeça e deslizou até o chão. Juan Salvador limpou o bico no próprio peito e manteve-se parado. Era como se não tivesse medo de mim ou do que acabara de fazer. Com serena dignidade, ajeitou-se cuidadosamente.

Para evitar contrariedade, tentei mais uma vez. De novo o agarrei pela cabeça e empurrei o peixe mais fundo pela boca. Após outra sacudidela violenta, o segundo peixe juntou-se ao primeiro. Ele me olhou bem de perto.

– *Será que esse mercado não tem peixe algum?*

– *Esses são peixes, Juan Salvador.*

– *Não são, não. Peixes vivem na água e nadam, mas posso nadar bem mais rápido! Você não sabe disso?*

Eu não tinha passado por todos os constrangimentos, inconveniências e dramas do dia anterior para ser derrotado naquele instante; assim, tentei pela terceira vez. Segurando-o de cabeça erguida e bico aberto, empurrei um terceiro peixe lá no fundo da garganta. Na verdade, fiz isso introduzindo o dedo garganta adentro. E depois soltei a cabeça do pinguim e observei. Seus pequenos olhos geralmente salientes fecharam-se e ele parou de respirar. Eu teria errado ao empurrar a sardinha no fundo da garganta? Será que ele sufocaria até a morte? Seria possível executar a manobra de Heimlich num pinguim? Seria possível retirar aquela sardinha entalada? Massageei o esôfago, encorajando-o a engolir. Seus olhos se afiguraram curiosamente côncavos sob as pálpebras, como se um vácuo tivesse se formado dentro de sua cabeça. Fiquei alarmado. Ele ficou imóvel e de olhos fechados. Alguns segundos depois, começou a se balançar. Eu estava prestes a puxar a sardinha para fora quando ele a engoliu. Só depois abriu os olhos e voltou ao normal.

Respirei fundo e enxuguei o suor frio de minha testa. Durante aquele tempo todo, ele não lutara nem tentara fugir ou se opor de maneira visivelmente identificável. E, de repente, ainda parado, olhou para mim, primeiro com o olho esquerdo e depois com o direito, ambos aos poucos compreendendo a situação. Ele não estava mais limpando o bico no peito com os olhos abatidos; os olhos luziam e me olhavam diretamente, olho esquerdo, olho direito. Logo olhou para a bacia e para mim, como se tivesse o dom da fala.

– *Ah, sardinhas! Nesse saco de plástico azul e branco! Mas por que sacudi-las debaixo do meu nariz? Acha mesmo que as coisas têm cheiro debaixo d'água? Sério? Tem mais? Caramba, estou faminto! Vamos, nham, nham! Não como há dias, ou você já esqueceu?*

Peguei outro peixinho pelo rabo e o ergui acima da cabeça de Juan Salvador; antes que pudesse chamá-lo pelo nome, ele já o tinha arrebatado de minha mão e o engolido por inteiro. Puxei os dedos em reação à investida e ao estalar pesado do bico ao se fechar. Não houve uma segunda tentativa para nada que ficasse ao alcance daquelas mandíbulas.

Uma vez iniciado, Juan Salvador tratou de compensar o tempo perdido. Engolia peixe após peixe, com tanta rapidez que mal paravam em minha mão. E, aparentemente, fechava os olhos para engolir. Ergui outro peixe pelo rabo para ver o que ele faria, mas isso não era mais um desafio. Ele o pegou com um único movimento e, depois de inverter a posição da cabeça, o engoliu como os outros. Nos dez minutos seguintes, o saco de peixes desapareceu naquela garganta, deixando a barriga de Juan Salvador visivelmente inchada. Ele também comeu as duas sardinhas que estavam no chão. Aproveitei o momento e esfreguei os dedos em sua plumagem para limpá-la e quem sabe até para restaurar a impermeabilidade das penas.

Naquela noite, fechei a porta do banheiro e, ao deitar-me na cama, sentia-me mais esperançoso do que em qualquer outro momento desde que o encontrara na praia no dia anterior. De manhã, notei com prazer que ele estava bem e a certa distância do guano convenientemente depositado no ralo da banheira.

– Sabe que precisa fazer algo para limpar essa banheira, não sabe? – ele sugeriu, com um olhar imperioso.

Depois do café da manhã e de uma bombeada de ar nos pneus da bicicleta, ajeitei-me no selim e retornei ao mercado. Foi com alegria que percebi que a peixaria ainda tinha muitas sardinhas, mas o peixeiro pareceu surpreso pelo meu pedido de outro quilo tão cedo.

– É para um pinguim – expliquei.

– Ah, claro! Fui tolo por não imaginar isso. Então, estará de volta amanhã para mais algumas? – Ele abriu um largo sorriso que feneceu com minha resposta.

– Claro! A partir de agora, espero comprar sardinhas todo dia.

Juan Salvador só conseguiu dar conta de algumas dezenas de sardinhas no café da manhã, mas, de quando em quando, eu passava por perto e oferecia mais; por isso, ao final do dia, ele tinha consumido um segundo quilo de sardinhas, dissipando minhas dúvidas em relação ao estado de suas entranhas. E assim instalou-se uma máquina de produzir guano extremamente eficiente na minha banheira.

7
Escada acima, escada abaixo
*Quando Juan Salvador faz uma festa
de inauguração na casa onde passa a residir*

A preparação para o retorno dos alunos me encheu de tarefas na escola, mas as quatro refeições diárias no refeitório dos estudantes me davam um bom vigor para o dia inteiro. Foi no jantar de minha primeira noite de volta que procurei saber com os poucos colegas que haviam retornado de férias quais eram os hábitos dos pinguins, alegando que tinha visto alguns na minha viagem. Fiz isso torcendo para que a verdadeira razão de minha curiosidade não estivesse aparente. Ainda não estava preparado para revelar que hospedara um inquilino daquele em meu apartamento.

Apesar de algumas respostas entusiásticas, não aprendi nada de útil que já não tivesse descoberto com a ajuda de Juan Salvador. A biblioteca não trouxe informações novas nem quando garimpei as prateleiras atrás de livros sobre a fauna local. Mas, aparentemente, uma dieta exclusiva de peixe era suficiente para um pinguim. Isso foi mais animador.

Os garotos estavam acomodados em três grandes prédios – cerca de setenta em cada – de três andares, localizados no extremo sul do campus da escola. Os jovens de 13 a 16 anos tinham dormitórios e salas comuns, ao passo que os seniores tinham os próprios quartos. Cada prédio era administrado por um supervisor e dois assistentes. Eu era solteiro e, por isso, ocupava um dos apartamentos da equipe administrativa do prédio, e a casa do supervisor situava-se do outro lado.

Meu apartamento ficava no segundo andar (ou no terceiro, se você for americano, do Norte ou do Sul) do alojamento. De todo modo, ficava no andar de cima e me obrigava a subir dois lances de escada para chegar em casa. Uma porta ao lado do apartamento dava acesso a um terraço ao ar livre acima da residência do supervisor. Era um terraço de uns três metros quadrados, com um parapeito de 45 centímetros de altura (aproximadamente, pois equivalia à altura de um pinguim-de-magalhães) em torno da beirada. O piso do terraço era azulejado e tinha uma ligeira inclinação para drenagem. Seria um terraço vazio se não fosse equipado com mesa, cadeiras e mangueira para limpeza. O único acesso ao terraço era por essa porta, de modo que, quando fechada, não restava outra saída nem para pinguins nem para pessoas.

Um dia após nosso retorno à escola, deixei Juan Salvador no terraço enquanto tomava um banho antes do café. Desolado, observei o esmalte no fundo da banheira, onde o guano se depositara, não mais como uma superfície suave e vítrea, e sim áspera e manchada de erosão. Fiquei espantado com os danos e prestei muita atenção ao entrar e sair da banheira para não me machucar! E tratei de não tocar no guano com as mãos, nem de encostá-lo à minha pele. Se aquilo podia corroer o esmalte da banheira, causava arrepios só de pensar no efeito que teria sobre o tecido humano. Ainda bem que Juan Salvador não tinha danificado a banheira dos Bellamy.

Já era hora de falar de Juan Salvador para a equipe da escola. Era bem evidente que ele não estava mais prestes a cair morto, pelo contrário, parecia prosperar com a dieta de sardinhas do mercado de peixes de Quilmes e sentia-se muito à vontade por viver à minha custa. Ele não procurava um jeito de escapar e não se mostrava saudoso da companhia de outros pinguins, o que dissipava minhas preocupações em relação ao bem-estar de meu amigo, cujo comportamento amigável, entusiástico e curioso era cativante. Embora não tivesse mais emitido um único som desde o episódio com o funcionário da Alfândega, ele ainda não era de todo confiável, e eu precisava tomar a iniciativa antes que o descobrissem. Eu não queria aparentar que estava escondendo um pinguim, ou que tinha a consciência culpada por mantê-lo no colégio.

Após o café da manhã, segui até o quarto de costura, à procura da única pessoa que possivelmente seria minha maior aliada.

– Maria, preciso de sua ajuda – falei, depois da troca habitual de brincadeiras no início de um novo período.

– *Por supuesto, señor*, e como poderei ajudá-lo?

– Maria, encontrei um pinguim ferido e quero saber se você poderia...

– Você encontrou um pinguim? Aqui no colégio?

– Pode me dar um minutinho?

Além de governanta do colégio, Maria era responsável pela limpeza e pela lavanderia. Trabalhava no St. George desde os 13 anos e, na ocasião, estava com mais de 70. A roupa era lavada à mão diariamente por mulheres de todas as idades que residiam no bairro. As responsabilidades de Maria se acumularam ao longo dos anos, até que ela se tornou a funcionária mais antiga, posição que a recompensou com o cargo de governanta. Ela capitaneava as equipes de lavagem de roupa e limpeza, mas, sem planos de pensão, tanto ela como os outros tinham de continuar trabalhando até que caíssem mortos ou se tornassem senis; quando isso acontecia, só contavam com a caridade alheia. Maria nunca poderia se aposentar, pois suas economias nunca acumulavam nenhum valor.

Foi conhecendo gente como ela que me dei conta de quem eram os perdedores nas economias inflacionárias. O salário dos pobres, os *descamisados*, desvalorizava rapidamente e não lhes deixava nada no bolso. Os "ricos" eram então os beneficiários, porque tinham ativos em dinheiro que se conservavam ou se elevavam quando pagavam o trabalho do outro com um dinheiro desvalorizado. A inflação transferia uma grande riqueza das massas empobrecidas para uns poucos ricos. Era Maria e os milhares de "descamisados" como ela que efetivamente pagavam o custo real das belíssimas residências suburbanas de Buenos Aires.

Minha intrigante revelação acabou por despertar a curiosidade de Maria. Na mesma hora, deixou de lado a tarefa que fazia e me seguiu até meus aposentos.

Maria tinha pouco mais de 1,5 metro de altura e seios fartos. Sofria dolorosamente com artrite e joanetes e tinha as pernas mais tortas já vistas; ela não era capaz de pegar um porco que passasse a seu lado, mas felizmente havia pouca demanda para essa habilidade especial no colégio St. George.

Enquanto caminhávamos a passos de Maria, contei minhas aventuras durante as férias. Os joelhos sempre a incomodavam, e esse desconforto era compensado com um andar balançado (não muito diferente do andar dos pinguins). Ela subiu lentamente as escadas, apoiando-se no corrimão e bufando a cada passo, e, ao chegar lá em cima, abriu um sorriso de triunfo caloroso como o sol. Para ela, a alegria do que podia fazer superava os entraves do que não podia. Durante todo o tempo que nos conhecemos, nunca a ouvi reclamar da própria sorte, e por isso a amava e a considerava uma avó.

Nada era problema para "Santa Maria", como a chamavam, e jamais conheci alguém que tivesse um coração tão gentil. Ela amava os garotos e agia como se fosse mãe deles, demonstrando diversão e aborrecimento em medidas mais ou menos iguais. E ela também agia como mãe para os professores mais jovens. Certa vez, durante uma greve na lavanderia, obrigaram os garotos a lavar a própria roupa, e tive de fazer de tudo para impedi-la de lavar as minhas. As senhoras da lavanderia ganharam um aumento de salário após duas ou três semanas, principalmente porque algumas mães se horrorizaram com a ideia de que seus queridos rebentos de 16 anos tivessem de lavar as próprias cuecas (ou, provavelmente, não lavá-las) e escreveram para a escola em protesto, e tudo voltou ao normal, de um modo maravilhosamente pragmático e argentino.

Quando abri a porta do terraço, Juan Salvador olhou para nós dois e, exatamente como o previsto, em dois segundos ou menos, derreteu o coração de Maria. Ela deu dois passos e ele se aproximou e olhou-a diretamente no rosto. Ela ficou tão preocupada quando mencionei o óleo e o piche que também quis ser mãe adotiva de Juan Salvador. Claro, Juan Salvador, como logo descobrimos, aceitaria qualquer maternidade em oferta! Ela sentou-se no parapeito e correu os dedos pelos suaves contornos dos ombros dele.

Fiz uma insinuação sobre o café da manhã dele, e, em pouco tempo, Maria estava participando do repasto matinal de Juan Salvador. Após a ingestão de cada peixe, ele balançava a cabeça, batia as asas energicamente e abanava o rabo em apreço. Aquele mestre pescador fisgara uma nova convertida, fazendo-a cair de amores por ele. Depois disso, Maria frequentemente levava saborosos petiscos para ele, e, juntos, os dois colocavam o mundo em ordem.

A essa pequena rodada de divulgação, seguiu-se um encontro com o diretor, no qual relatei a temporária estadia de um pinguim em meu terraço. Garanti que no meu próximo dia livre o levaria para o zoológico de Buenos Aires, desde que ele tivesse se recuperado o suficiente, e disse o mesmo para Richard, o professor supervisor. Como resultado, Juan Salvador e eu passamos a receber um fluxo quase contínuo de visitas durante todo o dia.

Naquela mesma noite, no jantar no refeitório, recontei a história de minha aventura com um pinguim em Punta del Este e expliquei por que ele estava morando no meu terraço. Meus colegas ouviram a narrativa do resgate e da limpeza com alegria, mas fui interrompido por George quando revelei o nome do pinguim.

– Não, não, você deve chamá-lo de Juan Salvado... "John Saved".

Os outros concordaram em unanimidade, dizendo que era um nome mais apropriado para Juan Salvador (João Salvador); e assim ele passou a se chamar Juan Salvado entre os amigos íntimos, embora se mantendo como Juan Salvador nas ocasiões formais.

Naturalmente, após o jantar, os professores me acompanharam até o terraço para conhecê-lo; após as apresentações, sentados em cadeiras e no parapeito, eles passaram uma sacola de sardinhas de mão em mão. Juan Salvado cativou a todos, aproximando-se com ar de satisfação de cada convidado que lhe oferecia um peixe. Já de barriga cheia, a comilança diminuiu, mas era evidente que se aprazia com a companhia. Só quando se tornou menos ativo é que a atenção dos meus colegas se dispersou e a conversa se voltou para outros temas de interesse comum (como o grotesco exército de meninos recrutas de metralhadora em punho, ou as chances do Quilmes Futebol Clube na disputa de um título).

Era a primeira das muitas vezes que pude observar o quanto Juan Salvado se sentia à vontade no convívio com os humanos. Ele não se intimidava nem se inibia pela altura que tinha. Recebia calorosamente os convidados em seu terraço e, tanto quanto posso afirmar, com um genuíno desejo por amizade. Aliás, isso não faz justiça ao quadro completo – ele entrava em êxtase quando recebia as visitas, e elas se sentiam como se tivessem acabado de chegar à casa de um querido e velho amigo após uma longa e árdua jornada. Juan Salvado possuía todo o encanto de crianças precoces, mas, ao contrário delas, seu charme não era efêmero e nunca diminuía. Sua conduta talvez se assemelhasse à do perfeito anfitrião em grandes banquetes de sociedade, Sua Excelência Don Juan Salvador de Pinguino. Espirituoso, cortês e impecavelmente trajado de gravata branca e fraque, com uma confiança advinda de uma ascendência nobre, um conhecimento superior e uma vasta experiência, Sua Excelência circulava entre os convidados. Quando se aproximava, as conversas se interrompiam, e toda a atenção se voltava para ele. E o convidado então se dava conta de que ele só buscava o prazer da companhia, caso não fosse compelido pelas inflexíveis leis de etiqueta e seguisse em frente em busca da companhia de outros convidados. Dessa maneira, embora os seres humanos literalmente o alimentassem com peixes, figurativamente Juan Salvado tinha todos a comer em suas mãos.

Naquela primeira noite, o pinguim estava de pé a meu lado, quando, de repente, olhou ao redor do grupo, como se perguntando se ainda havia espaço suficiente para só mais uma sardinha, e depois piscou os olhos e balançou a cabeça. Logo depois estava dormindo, ainda de pé e apoiado em mim, aparentemente satisfeito e em paz com o mundo.

No dia seguinte, o último antes do retorno dos alunos, já que o tempo ainda permitia e ele não era mais um fugitivo, decidi testar meu novo compadre com uma caminhada pelos arredores e alguns exercícios que o motivariam bem mais que os limites do terraço daquele último andar.

Os domínios do colégio eram bastante extensos. Além dos muitos campos abertos, alinhados com grandes pés de eucalipto, havia lugares sossegados de vegetação mais densa que pareciam recantos obscuros de um jardim doméstico. Carreguei Juan Salvado até um gramado, onde caminhamos vagarosamente sob os pés de eucalipto. Para onde quer que fosse, Juan Salvado me seguia; às vezes, a certa distância, como naquela praia no Uruguai. Já bem mais confiante, acelerei o passo e ele correu a toda velocidade para me acompanhar. Para correr, os pinguins firmam as asas e aumentam a distância entre os passos com giros do corpo, uma visão risível para quase todo mundo. Caminhei sem pressa a maior parte do tempo, observando-o para ver como se comportava. Embora curioso com a grama, as folhas e os galhos no solo, Juan Salvado nunca se afastava de mim. Durante o passeio, encontramos alguns funcionários do colégio que receberam minhas explicações sobre a presença de meu novo companheiro. Embora ninguém tivesse feito nenhuma crítica ostensiva, soaram-me algumas insinuações ligeiras a respeito de meu comportamento excêntrico, mas isso talvez por conta de minha extrema sensibilidade na ocasião. Juan Salvado era a prova viva de que minha intervenção na praia do Uruguai tinha sido a melhor alternativa tomada por mim.

Nossa primeira caminhada pelos arredores da propriedade talvez tenha sido de um quilômetro e pouco, sendo que o observei o tempo todo em busca de sinais de fadiga ou de um *"pegue-me no colo!"*, mas nada disso aconteceu. Fiquei surpreso por um momento, mas depois me ocorreu que a resistência dos pinguins os faz migrar por milhares de quilômetros a cada ano, percorrendo distâncias bem maiores que as realizadas pelos seres humanos, de modo que provavelmente uma suave caminhada ao redor de um campo de rúgbi não seria um grande desafio.

Naqueles dias, a *calle Guido* – uma rua de paralelepípedos de Quilmes – terminava às portas do colégio, onde se transformava numa áspera pista de terra que seguia por mais de 1,5 quilômetro até o rio. O terreno nos dois lados da pista pertencia ao colégio; ao norte, era plano, aberto, marcado pelas jogadas do rúgbi e cercado por belos pés de jacarandá.

São inúmeras as espécies de jacarandá que se espalham ao longo das Américas do Sul e Central, e todas adoráveis. Alguns pés são pequenos e atingem uma altura que não ultrapassa a de um arbusto; outros, por outro lado, se tornam grandes árvores. Os pés plantados em torno dos campos de rúgbi mediam uns 12 metros de altura e eram tratados com esmero para garantir o máximo de sombra possível, tão grande quanto à de uma árvore, em que tanto os espectadores como os jogadores abrigavam-se do sol. Na primavera, as brilhantes tranças de flores azuis em forma de trompete que engolfavam toda a copa dos jacarandás eram de tirar o fôlego – o azul era tão vibrante que eclipsava o céu em dias perfeitos e sem nuvens. Nessa estação, as flores quase superavam a filigrana verde esmaecida da folhagem que contrastava com o tronco escuro, duro e profundamente fissurado da árvore. As delicadas folhas continuavam atraentes durante todo o verão, bem depois que as flores desvaneciam. No outono, os frutos se desenvolviam em pequenos cachos de uva em amarelo-ouro, que brilhavam mesmo sob a luz do sol poente e se mantinham agarrados aos galhos mesmo depois que as folhas caíam. Para mim, os jacarandás estão entre as mais belas árvores, e a imagem do pinguim à sombra deles tornou-se inesquecível.

Naqueles 20 hectares de terra ao sul da pista estavam todas as edificações da escola, bem como os inúmeros campos de jogos. Hoje, a marcha inexorável dos condomínios cercou a escola, mas naqueles dias podia-se caminhar por entre as cercas altas que limitavam os dois pedaços de terra que compunham o campus escolar, no qual se viam arbustos de espinhos plantados, e seguir a trilha que percorria o matagal, cruzando com moradias espalhadas por todo o caminho até o rio da Prata; era uma boa meia hora de caminhada, mas um tempo bem mais longo quando acompanhado de um pinguim.

As moradias situadas entre o colégio e o rio não podiam ser descritas como pequenas propriedades rurais, mas eram mais sofisticadas que as das favelas e construídas com blocos de construção e madeira "salvados" pelos habitantes por todo o distrito. Eram moradias sem os utilitários habituais, de modo que as famílias tinham de viver sem eletricidade, água corrente e esgoto. Além da criação de galinhas e porcos, cultivavam algumas culturas em pequenos pedaços de terra e ganhavam a vida fazendo biscates na cidade. O colégio empregava alguns habitantes locais, como cozinheiras, faxineiras, lavadeiras e trabalhadores de manutenção.

Depois que me interessei pelos pinguins, passei a perguntar aos moradores dos arredores, em minhas perambulações noturnas até o rio, se alguma vez tinham visto aves como Juan Salvado naquela parte do rio. "Nunca", era a resposta. Tanto as sardinhas como os pinguins se mantinham em mar aberto para evitar a grande descarga de água doce despejada pelo rio. Por isso mesmo, nadavam mais de 300 quilômetros em mar aberto entre a partida na costa da Argentina e a chegada ao Uruguai. Quanto mais conhecia os pinguins, mais notáveis e cativantes se tornavam para mim.

O rio da Prata é imenso, tão largo quanto o Canal da Mancha. Imagine-se em Dover, olhando para o sul: a temperatura é de 30° Celsius, a água é quente, enlameada e salobra, a vegetação é subtropical, e o sol viaja para trás ao longo do céu. (No hemisfério sul, o sol viaja no sentido anti-horário.) Imagine então como era estar no final daquela faixa de terra à margem do rio da Prata.

Embora não fosse uma área salubre, os garotos do colégio tinham plena liberdade para passear sozinhos até o rio ou para seguir a pé até a cidade. Olhando para trás, para um tempo em que as liberdades civis eram restringidas de um modo inimaginável, tal acontecimento era como uma era dourada da liberdade pessoal, mesmo com uma situação política à beira da anarquia. Alguns estudantes do colégio eram oriundos das famílias mais ricas e influentes do continente, e ainda assim podiam se misturar com relativa liberdade com os moradores daquela região, os *bajo*, como os mais pobres eram conhecidos. A vulnerabilidade dos garotos era debatida nas reuniões da equipe, mas, além dos guardas armados nos portões e das cercas em torno do perímetro, felizmente não eram necessárias medidas adicionais de segurança.

Quando chegamos ao alojamento do colégio, depois da volta de apresentação de Juan Salvado pelo lugar, subi os dois degraus até a porta de entrada do prédio. Mas ele tropeçou no primeiro degrau, como se não o tivesse visto, e caiu de costas. Claro que o peguei no colo e o levei para dentro. Ele adorava ser carregado dessa maneira e nunca se debatia querendo fugir. Depois de atravessar a porta da frente, coloquei-o no chão.

Meu apartamento ficava no alto de um grande lance de escadas de madeira sólida. Comecei a subir e, após uma pausa, girei o corpo para ver o que ele faria. E ele de novo tropeçou no degrau inferior, mas dessa vez estudou o obstáculo, primeiro com um olho, depois com o outro, e de repente pareceu entender. Sem mais delongas, caminhou de volta, pulou para cima e aterrissou de bruços no primeiro degrau. Implacável, levantou-se e pulou para o degrau seguinte. Dessa vez aportou de barriga, em diagonal ao degrau, e sem bater a cabeça. Em seguida, repetiu o processo, aportando em outra diagonal, e assim me seguiu, ziguezagueando pelos degraus a cima. Eu subia um pouco mais e ele me seguia.

Impressionado pela astúcia de Juan Salvado, claro que pensei em ver como ele administraria a descida, e saí correndo escada a baixo. Sem titubear, ele se projetou de barriga e saiu escorregando – bump, bump, bump – em grande velocidade, aportando no piso de mármore polido do térreo em posição inclinada e logo em posição ereta. Embora não fosse destinado a ser o mais rápido escalador de degraus, Juan Salvado descia uma escada mais rápido que todos, em um único voo e sem esforço para negociar com os dois ângulos retos necessários à construção da escada. Mais tarde, acabei descobrindo que os garotos tinham organizado corridas contra ele, à minha revelia, e que ele ganhara todas! Fiquei com o sangue gelado quando soube dessas competições e as proibi enfaticamente, chocado com a possibilidade de que algum garoto pudesse cair acidentalmente em cima do pinguim. Pois, se um garoto tentasse saltar alguns degraus de uma única vez, ele não só poderia esmagá-lo como também quebrar o próprio pescoço, e assim uma carcaça estripada rolaria degraus a baixo, e um garoto tombaria ao pé da escada. Estremeci só de pensar nisso. Mas, quando o preparei para subir e descer escadas, nem me passou pela cabeça que ele e os garotos já o fizessem.

"Sua Excelência Don Juan Salvador de Pinguino."

8
Novos amigos
*Quando os estudantes retornam
e encontram um hóspede inesperado*

Acho que existe uma polidez muito particular utilizada apenas nas escolas, e o rastro disso permeou a atmosfera quando o murmúrio dos estudantes quebrou a quietude dos dormitórios sonolentos. Correrias e colisões de corpos, enquanto uniformes e equipamentos esportivos eram jogados sem cerimônia na extremidade das camas, anunciavam o verdadeiro início do novo período de 17 semanas. A escola trepidava de volta à vida. E não me lamentei pelo retorno dos garotos naquela primavera. Já estava claro que Juan Salvado gostava de companhia e, com mais de trezentas pessoas no campus, certamente não lhe faltariam amigos.

Aquele colégio era o lar não apenas de estudantes em período escolar, mas também de muitos docentes e suas famílias e de enfermeiras da clínica, e todos naquela comunidade unida se conheciam pelo nome. Cada sala do St. George acolhia 15 ou mais alunos, e as dimensões dos dormitórios eram similares; o refeitório abrigava todo o corpo escolar, e assim o fazia três ou quatro vezes por dia; e Jorge, o *chef*, sabia como satisfazer ao apetite argentino daquele exército de jovens. A capela também era grande o bastante para conter toda aquela gente, e lá estávamos nós, embora pouco frequentes e sem entusiasmo, para os sermões do capelão.

Eu controlava o tráfego no topo da escada, calculando quanto tempo levaria para que alguém olhasse para a porta envidraçada do terraço. Não esperei muito. Um garoto inteligente de topete negro e sorriso irreprimível olhou para os campos que se estendiam em direção ao rio, sem dúvida sentindo as emoções comuns a todos os outros no início de um novo período letivo. Ele era do Peru, mas seu avô era um imigrante russo.

Foram necessários alguns segundos antes que algo a seu alcance lhe atraísse a atenção.

– Tem um pinguim lá fora – ele disse tranquilamente, olhando para dentro e depois para fora, com o nariz quase pressionado contra o vidro. E, depois de girar a cabeça e me ver, repetiu: – Tem um pinguim lá fora.

– Ora, tomara que só esteja aqui para um descanso, pois deve migrar para o sul no inverno – comentei. Contradição cognitiva era um estilo de ensino que me agradava, ou seja, fazer afirmações falsas que forçavam os estudantes a desafiar as ideias que lhes eram apresentadas.

Igor franziu a testa e olhou novamente para o terraço, mas girou rapidamente e deixou a palavra "não" morrer nos lábios quando viu minha expressão, e sorriu quando entendeu minha piada.

– Posso ir lá fora?

– Se prometer ser calmo e gentil, pode.

Ele abriu a porta com cautela e desceu até o terraço. Empertiguei-me para assistir. Juan Salvado bateu as asas em cumprimento. Igor se aproximou em passos lentos e se inclinou para acariciar a cabeça do pinguim, que se abaixou e se afastou. Mas logo em seguida pediu atenção ao garoto. Igor olhou para mim e perguntou:

– Posso contar para os outros?

A notícia da presença de um pinguim no terraço se espalhou como incêndio em cada dormitório da escola, e logo uma multidão de meninos ansiosos para saber a verdade sobre o rumor acotovelou-se animadamente na porta do terraço. A princípio, regulei o número dos que podiam entrar, temendo que Juan Salvado pudesse se estressar com tanta atenção, mas depois percebi que era impossível limitar um número aparente de admiradores que nem o próprio pinguim achava suficiente.

Os meninos ficaram encantados quando os autorizei a alimentar Juan Salvado e, em pouco tempo, apareceram voluntários, especialmente entre os mais novos, para lhe dar de comer, lavar o terraço com regularidade e comprar peixe no mercado diariamente. Muitas vezes, a responsabilidade suscita o melhor aspecto dos jovens, de modo que sobraram ajudantes prontos para deixar sair o "melhor" de si e para atender às necessidades de Juan Salvado.

Somente a visão dos pinguins no seu hábitat natural pode trazer uma compreensão real do que o adjetivo "sociável" significa. Em geral, os seres humanos podem ser descritos como gregários, mas os pinguins se aglomeram em número incontável e sem conceito aparente de espaço pessoal. Um internato inglês (pelo menos na América do Sul) talvez espelhe a vida de uma colônia de pinguins de um modo que a maioria das outras formas de sociedade humana não consegue.

No início da manhã, rios de alunos saíam dos dormitórios para tomar o café da manhã no refeitório. Depois, a maré de garotos voltava para pegar o material necessário às aulas da manhã, e em seguida sumia de novo para participar do sermão na capela e comparecer às aulas. Uma pausa no meio da manhã os mandava de volta aos dormitórios para guardar o material nos armários e pegar um novo para as aulas seguintes. Na hora do almoço, retornavam aos dormitórios para guardar o material nos armários e depois saíam correndo novamente em direção ao refeitório. Satisfeitos, retornavam aos dormitórios para uma sesta. Já revigorada, a maré fluía a fim de participar de jogos e exercícios físicos de diversos tipos. De volta aos respectivos dormitórios, eles tomavam banho e pegavam os livros, agora famintos pelas pérolas de sabedoria que escorriam dos lábios de meus colegas no final de um dia de aulas. Depois, deixavam outra vez os livros nos dormitórios antes de seguir para o refeitório para a última refeição do dia. Por fim, os garotos se dirigiam à sala de estudos, espaço comum no qual faziam os deveres, após os quais soavam as sinetas de todos os dormitórios para que desfrutassem o único tempo livre do dia antes de uma última chuveirada e cama. Tal é a rotina nos internatos.

Enfim, o vaivém de jovens era constante, o que talvez tenha sido projetado para a diversão e o deleite de um pinguim doméstico. Cada vez que ouvia a passagem dos meninos, Juan Salvado corria animadamente para cima e para baixo em seu terraço, esforçando-se para observá-los, e invariavelmente um dos meninos ia até lá para conversar ou alimentá-lo com peixes.

Embora o tempo livre dos estudantes de um colégio interno seja limitado, era sempre possível que um amiguinho entusiasmado disponibilizasse 20 minutos entre o fim do recreio e o início das aulas da tarde, e assim choviam voluntários para comprar sardinhas no mercado. Após os primeiros dias, Juan Salvado passou para uma dieta regular de apenas meio quilo de peixe por dia, e assim era perfeitamente possível manter um considerável estoque na minha geladeira com apenas três viagens por semana até o peixeiro. A recompensa pela disponibilidade de ir ao mercado e lavar o terraço era o privilégio de alimentar Juan Salvado.

Geralmente, um pequeno grupo de seis meninos sentava-se no parapeito do terraço do último andar para alimentar o novo amigo. No início da refeição, Juan Salvado roubava e engolia os peixes com a mesma rapidez daquele que escolhia as sardinhas do saco para alimentá-lo, e sem demonstrar o menor respeito pelos dedos dos incautos ou inexperientes (devo aqui acrescentar que ninguém sofreu ferimentos permanentes causados pela avidez de Juan Salvado pelos peixes). Isso, no entanto, abrandava no final da refeição, à medida que a deglutição se tornava mais trabalhosa. Os benfeitores mais observadores notavam quando Juan Salvado estava saciado e paravam de alimentá-lo, mas, às vezes, estudantes perdidos em bate-papos com amigos, cujos dedos não corriam mais risco de amputação, não paravam de alimentá-lo, até que o pinguim ficasse tão empanturrado a ponto de deixar um rabo de peixe aparecer para fora do bico.

Dessa maneira, empanzinado e totalmente satisfeito, Juan Salvado colocava-se no centro do pequeno grupo de garotos e olhava amorosamente para todos, sorvendo cada palavra. Em seguida, derrotado por um colete superapertado e pelo calor do sol da tarde, ele se apoiava nas solícitas pernas verticais da garotada e se entregava a um cochilo. E assim permanecia até que todos fossem embora. O mais atencioso entre os garotos o abaixava suavemente pela barriga gorducha, e, nessa posição, ele dormia como uma criança tranquila. O menos atencioso apenas se levantava e saía correndo depois que se dava conta de que o grupo estava atrasado para o próximo compromisso, deixando que Juan Salvado tombasse ao chão. Nessas ocasiões, ele simplesmente balançava a cabeça como um avô indulgente e depois se aprumava para continuar o cochilo da tarde. Esta era a vida de Juan Salvador, o Pinguim: cochilar pacificamente enquanto retornávamos aos trabalhos.

9
Tesouro valioso
Quando sacrifiquei algo precioso

Uma tarde, pouco depois que Juan Salvado fixou residência em meu terraço, encontrava-me no quarto, quando minha atenção foi subitamente atraída pela animação de uma conversa. Presumi que o vozerio fosse de um grupo de meninos que caminhava de volta para casa, mas com um entusiasmo que me pareceu incomum e que não consegui identificar. Eu estava preocupado com o rádio, ou melhor, com o comprimento do fio que ligara à antena e drapejara em torno do quarto na tentativa frustrada de sintonizar o Serviço Mundial da BBC para obter notícias de casa. Naquela altura do dia, era provavelmente um desperdício de esforço, mas, com o passar do tempo, tal empenho foi recompensado com os tons acolhedores dos locutores britânicos, sibilantemente modulados pela ionosfera.

O grupo chegou em casa e subiu os degraus. Ouvi a porta da frente do prédio abrir e fechar, e, aos poucos, as vozes se tornaram mais altas à medida que eles subiam a escada, com uma parada eventual à frente de meu apartamento. A transmissão do rádio estava boa, e a curiosidade levou-me a investigar, antecipando a batida à porta. Quando a abri, encontrei um menino com uma expressão triunfante no rosto e o objeto da euforia nas mãos. Era uma grande, velha e suja bacia de ferro galvanizado ovalada com alças nas extremidades, medindo cerca de 90 centímetros de comprimento por 60 de largura e 23 de profundidade.

– Cortés – eu disse, admirado. – Que ideia brilhante! De onde a roubou? Por acaso, do jardim de uma pobre velhinha?

– Não roubei nada! – Ele pareceu indignado.

– Sei disso, só estava brincando – comentei. – Mesmo assim, você foi brilhante. Onde conseguiu isso?

O sorriso radiante retornou ao rosto do menino.

– Eu estava voltando da cidade e vi isso no lixo de uma oficina. Perguntei quanto queriam pela bacia e disseram que seria de graça se a tirasse de lá.

– Os guardas do portão não pararam você? – Eles tinham ordens expressas para evitar que os meninos levassem lixo para o colégio.

– Eles queriam, mas falei que você tinha pedido isso para o pinguim e eles me deixaram passar. Não foi você que me pediu para conseguir uma bacia?

– Ah! Claro! Agora me lembro. Bem lembrado! Você vai longe, Bernado Cortés!

Em poucas semanas de estadia no colégio, Juan Salvado adaptou-se à vida no terraço como um pato na água. Abrigava-se do sol ou do granizo debaixo da mesa, quando precisava, e amava a ducha diária que recebia de mim ou dos garotos. Arrumamos um fluxo suave de água que vertia de uma mangueira por sobre a mesa, de modo que Juan Salvado podia desfrutar de uma cachoeira caseira.

O ritual era sempre o mesmo. Ele deixava o bico sob o fluxo por um ou dois segundos e logo sacudia a cabeça energicamente. Depois de repetir esse movimento por duas ou três vezes, lavava o rosto e o pescoço com um pé enquanto se equilibrava no outro. E só depois limpava as outras partes do corpo. Era impressionante o que conseguia fazer com os pés; parecia que tinha ossos de borracha flexível que lhe permitiam qualquer contorção. Por fim, se afastava da água corrente e cuidava das penas com o bico, trabalhando inicialmente em cada pedacinho do pescoço, até chegar à cauda, que balançava de maneira espasmódica, rápida e vigorosa. Só então o secávamos delicadamente com uma toalha, e isso o fazia alisar as penas mais uma vez.

O que me perguntava era quanta água os pinguins bebiam regularmente e se toda essa necessidade se devia aos peixes que ingeriam. Por isso, Juan Salvado sempre dispunha de água em uma panela grande. Como a água do colégio era extremamente salina, ele nunca estaria privado dos sais essenciais, mesmo que nunca o visse beber. A única certeza é que ele sempre tinha água disponível, para quando precisasse.

Bernado Cortés estava inspirado quando avistou a grande bacia galvanizada em algum canto encardido de uma oficina em Quilmes. Essa bacia permitiria a Juan Salvado tomar banho totalmente imerso na água, quando desejasse, e se refrescar, quando necessitasse, no pico do calor de verão. Isso me tranquilizou em relação ao bem-estar imediato de Juan Salvado. Suas penas não mostravam nenhum sinal de recuperar a impermeabilidade.

A bacia de Cortés instigou uma investigação e ficou evidente para mim que tinha sido muito utilizada. Pude então imaginá-la à venda numa loja de louças ou num armazém do final do século XIX, pendurada por um gancho preso a uma viga do teto, brilhante e novinha, com o preço escrito à mão numa etiqueta de papel-cartão grosso, anexada por uma corda de cânhamo. Sem dúvida, fora comprada por alguma família pioneira da época, junto a outros utensílios essenciais. Talvez um jovem magro de macacão folgado e sua recém-esposa tivessem comprado apenas os produtos indispensáveis que seus bolsos podiam pagar e que não sobrecarregassem sua quase obsoleta carroça puxada a cavalo. Placas de ferro, madeira, pregos, martelo, arame para cerca, picareta, pá, fósforos, farinha, sementes de milho, bulbos de batatas, um jarro branco esmaltado, um pouco de munição e aquela banheira de estanho. Alguns poucos itens que, juntos ao amor e à determinação, seriam suficientes para iniciar uma herdade a partir do zero, ou quase isso.

A banheira de Juan Salvado estivera então no cerne da vida doméstica de um casal que lutara para domar a terra, ganhar a vida e estabelecer uma nova fazenda ao sul de Buenos Aires. Talvez tenha servido para preparar a comida na cozinha e como pia para lavar a louça após as refeições. Claro que fora usada para lavar a roupa e também para a limpeza da casa. E certamente para banhar os bebês em água quentinha. Coberta, talvez tivesse servido como recipiente de estocagem à prova de pragas. Aos poucos, à medida que a família crescia, prosperava e ascendia socialmente, a bacia acabou relegada a trabalhos cada vez mais humildes, como calha para alimentar porcos e balde para água suja. Por fim, após uma vida de deveres, maltratada, raspada e quase enferrujada, integrou um lote de utensílios em leilão na fazenda, por ocasião da venda da casa da família. E assim passou de mão em mão, até que parou, indesejável, no lixo de uma oficina de Quilmes. Mas o destino ainda tinha um nobre chamado para aquela bacia e preparou as circunstâncias para que um estudante passasse por perto naquela tarde em especial e, nela, avistasse um potencial.

– É exatamente do que precisamos! – parabenizei o menino. – Você fez muito bem! Coloque-a no terraço e lave-a.

Mãos resolutas carregaram o troféu até o terraço para a limpeza. Lama, sujeira e teias de aranha foram arrastadas sob a força da água da torneira enquanto Juan Salvado supervisionava ao lado da bacia. Satisfeito com o progresso, ele coçou a cabeça contra o peito em meio a uma névoa tênue que emergia das penas, deixando-me de novo encantado com aquele pescoço surpreendentemente flexível que lhe permitia virar a cabeça para baixo no processo. O arco-íris de raios de sol em torno do pinguim durante a pulverização criou uma imagem inesquecível.

Em poucos minutos, todos os resíduos foram retirados, e uma bacia repleta de água limpa e translúcida estava pronta para retomar o serviço.

Havia alguns blocos de *quebracho* à mão, trazidos do farto estoque do barracão de madeira para fixar a mangueira em cima da mesa e impedi-la de serpentear quando abrissem a torneira. A palavra *quebracho* pode ser traduzida como "freio de machadinhas". Como o próprio nome sugere, é uma madeira bastante dura que afunda na água e não é de grande utilidade prática, exceto como combustível porque queima como carvão. Sua densidade a torna útil como contrapeso, e, agora, dispostos no lado externo da bacia, os blocos serviam de escada para Juan Salvado subir e tomar banho, e um arranjo igual colocado dentro da bacia lhe permitia sair de lá. Como não flutuavam, os blocos de *quebracho* permaneciam onde estavam, ou seja, sob a água.

Depois de tudo preparado, recuamos para ver o que o pinguim faria com o novo acréscimo ao seu mobiliário de terraço. Já estávamos pensando em nos felicitar pelo trabalho bem-feito quando ele saísse correndo feliz para dentro da água a fim de nadar, mas ele não fez nada disso. Sem o menor interesse pela nova banheira, Juan Salvado simplesmente continuou inspecionando as penas. Nem sequer olhou para a bacia de estanho, o que era bastante incomum. Geralmente, os objetos novos no terraço despertavam-lhe imediatamente a curiosidade.

Os garotos mais atentos pareceram cabisbaixos.

– *¿Porqué no usarlo?* – perguntou um deles.

– *¿No le gusta?* – disse um segundo.

– Falem em inglês! – Eu os lembrei. Quando não estavam nas aulas de espanhol, as regras do colégio eram inflexíveis quanto a isso.

— *Sí*, nem se parece com ele! – exclamou um terceiro.

— Deem um tempo para ele – sugeri. – É que a bacia ainda lhe é estranha. – Isso era para encorajá-los, mas eu também estava decepcionado com a reação do pinguim.

— Já sei. Já sei o que ele quer. Ele quer *yelo*! – exclamou um dos garotos repentinamente, perguntando em seguida para mim, no espanglês perfeitamente usual que se infiltrava no vernáculo anglo-argentino: – Você tem *yelo*?

— Você quer dizer "amarelo"? – retruquei. – O quê amarelo? Tinta amarela? Claro que ele não quer tinta, garoto estúpido! Por que diabos ele ia querer tinta amarela? – Os garotos adoravam a minha imitação de um coronel colonial antigo.

— Não, sem tinta, só *yelo*! Para ele se sentir em casa. – O garoto riu.

Os outros também riram e traduziram em provocação.

— É só dizer "gelo".

— *Sí*, gelo! *Hielo! ¿Tiene?*... Você tem?

— Gelo! Onde? Lá dentro? Não vai fazer a menor diferença colocar alguns cubos de gelo nessa quantidade de água. Nenhuma diferença.

— Sim! Sim! *Sí!* – disseram em coro. De repente todos acharam que o gelo era uma boa ideia e a chave para o problema. – Por favor! Você tem?

— Bem... – Hesitei. – Tenho gelo em minha geladeira, mas só um pouquinho, não muito. De qualquer forma, não vai fazer nenhuma diferença. Ele não é um pinguim da Antártica e não será nem um pouco influenciado por alguns cubos de gelo.

Além do mais, eram quase 6:30, hora que tocava o sino de chamada para o jantar da garotada no refeitório. Era o anúncio de um dos poucos momentos de paz no dia, quando, às vezes, eu podia tomar um gim-tônica enquanto desfrutava a tranquilidade do terraço junto aos colegas, e meu precioso gelo de água engarrafada era parte fundamental do ritual. Era uma tentativa de derramar água fria na ideia dos garotos.

– Oh, por favor! – Eles imploraram de modo tão lamentoso que resolvi fazer o sacrifício supremo. Ainda relutante, entrei no apartamento, tirei a pequena bandeja de gelo do congelador e, maliciosamente, deslizei dois cubos para dentro de um copo e os recoloquei na geladeira para mais tarde.

– Aqui está. – Entreguei um saquinho de gelo. – Mas isso não vai fazer nenhuma diferença, nenhuma. Vocês vão ver.

Justamente nesse momento, soou o sino para o jantar no campus.

– Certo, estamos aqui e vocês precisam ir. Chega de bagunça. Basta deixá-lo sozinho e tomara que ele descubra por si só essa bacia – eu disse. – Vocês podem voltar mais tarde.

– *Momentito, momentito!* – Ainda às súplicas, eles jogaram um punhado de gelo na bacia, na qual derreteu em alguns segundos, sem fazer nenhuma diferença perceptível para a temperatura da água.

Mas, nesse mesmo instante, Juan Salvado deixou de inspecionar as penas, olhou para cima e, como se o gelo fosse precisamente o que esperava, pulou os degraus como um veterano que já fizera aquilo centenas de vezes, entrou na água e começou a se lavar.

Soaram gargalhadas contagiantes em saudação ao gesto, mas era hora de comer, e recomendei a todos que saíssem de uma vez. Eles correram aos risos durante todo o percurso. Vozes de imitação, "não vai fazer a menor diferença", chegaram até o terraço, encontrando-se com outras e provocando risadas cada vez que eram repetidas, até eles chegarem ao refeitório, a uns 100 metros de distância.

Preparei um gim-tônica e juntei-me a Juan Salvado no terraço para uma *happy hour*. Sentado confortavelmente sob o calor do sol poente, ergui os olhos e o copo em saudação a ele.

– À boa saúde, Juan Salvado. *Salud!* – Tomei um gole. E, enquanto eu brincava com o gelo no copo, ele jogava o corpo suavemente nos lados da bacia. Ele retribuiu a saudação com "à nossa!", dobrando-se um pouco mais e abanando a cauda enquanto bicava um cubo de gelo. E depois mergulhou as asas na água, espirrando-a para todos os lados.

"Sem o menor interesse pela nova banheira, Juan Salvado simplesmente continuou inspecionando as penas."

10
Conversa no terraço
Quando um problema compartilhado é um meio problema

A salinidade tornava o suprimento de água do colégio praticamente impotável, e os canos se deterioravam com tanta rapidez que eram substituídos em poucos anos. Já tínhamos sido informados que as obras no alojamento interromperiam o abastecimento e que o pessoal da manutenção teria acesso aos nossos aposentos, de modo que não me surpreendi quando três homens chegaram ao meu apartamento na hora da sesta para medir o encanamento. Eles terminaram o trabalho em menos de dez minutos, graças à simplicidade da cozinha e do banheiro, mas depois me perguntaram se poderiam examinar o terraço.

Qualquer um pensaria que aquele trio poderia realizar a tarefa em dois minutos, pois, enquanto um deles era o contramestre, o outro usava um lápis e um papel e o terceiro, uma fita métrica, isso sem mencionar a reduzida extensão do cano externo. Mas Juan Salvado tinha outras ideias.

O apartamento tinha uma janela com persianas de frente para o terraço, o que me permitia ouvir as conversas trocadas entre os visitantes de Juan Salvado, sem que ninguém se apercebesse disso. Fiquei observando enquanto Juan Salvado insistia em verificar pessoalmente as medições. Logo depois, os três homens estavam sentados no parapeito, explicando para o pinguim os detalhes específicos do trabalho ainda por fazer e acrescentando que sentiam o mesmo prazer de quem realizava magia quando encontravam a pressão da água. E pensar que quase não me tinham dado informações a respeito de nada!

Eu já estava acostumado com esse tipo de antropomorfismo. Pois, quando se tratava de atribuir características humanas ao pinguim, a mim cabia a maior culpa, e a mais ninguém. No fim, aliviado e feliz porque outras pessoas reagiam como eu, acabei por sufocar muitas risadas pelo fato de que uma simples medição levou mais de meia hora com a colaboração de Juan Salvado.

Um ou dois dias depois, me surpreendi quando atendi às batidas na porta e me deparei com cortadores de grama na entrada do apartamento. Olharam por sobre meu ombro e se justificaram dizendo que queriam ver Juan Salvado, e não a mim. Ficaram embevecidos quando perguntei se gostariam de alimentá-lo com algumas sardinhas e seguiram às pressas até o terraço. Em pouco tempo, todos estavam conversando sobre as caminhadas de Juan Salvado ao redor do colégio, assegurando-lhe que uma nova máquina de cortar, já a caminho, melhoraria a qualidade da grama. Eles esperavam a aprovação do pinguim.

As senhoras da limpeza da casa não me pediam nem peixe nem permissão para visitar Juan Salvado. Embora eu tivesse deixado claro que todas poderiam visitá-lo quantas vezes quisessem, sem dúvida alguma teriam feito isso de um jeito ou de outro – aqueles eram domínios delas muito antes de serem meus. Tal como ocorria com os outros convidados, a conversa rapidamente passava para francas amabilidades, observações de cortesia e questões do dia. A inflação e a defasagem de salários eram provavelmente o assunto mais ventilado pelas senhoras da lavanderia, seguido de perto pelas fofocas sobre os outros membros da equipe.

Maria também se tornou uma frequentadora assídua; entrava no terraço toda vez que suas tarefas exigiam que atravessasse a porta (após a chegada de Juan Salvado, tratou de garantir que seus afazeres a levassem até lá quase diariamente). Sentada no parapeito, descansando as pernas, ora desabafava sobre os ocorridos entre o pessoal doméstico, ora levantava outros problemas que a afligiam, como as camisas queimadas na tábua de passar ou os inevitáveis flertes entre seus "meninos" e suas "meninas".

– ¡Ay, ay!, Juan Salvado! – lamentava-se. – ¡Madre de Dios! O que vamos fazer?

Ouvi muitas conversas assim entre as visitas e o pinguim, tanto em inglês como em espanhol (curiosamente, ele era fluente em ambas as línguas), sobretudo quando as pessoas apareciam para passar um tempo. Claro, Juan Salvado encantava a todos – adultos ou jovens – porque, como qualquer bom pastor ou conterrâneo, era um bom ouvinte que pacientemente absorvia tudo que lhe era dito, desde as observações sobre o clima até os segredos do coração, sem jamais interromper o outro. Ele olhava nos olhos das pessoas com tanta atenção ao que diziam, que elas acabavam falando com ele em pé de igualdade, como se ele fosse um velho e sábio pinguim. E até que ele parecia, pois sua "coleira de cachorro" e sua capa comprida e preta o faziam parecer um pároco baixinho vitoriano do interior com problemas de gota. De fato, com uma cruz ao pescoço, ele seria confundido com um bispo.

A impressão de que Juan Salvado prestava uma consideração única a tudo que lhe era dito se devia à maneira com que posicionava a cabeça, alternando com um olho e um ouvido de cada vez. Seus visitantes tanto podiam confiar na sua discrição absoluta como podiam contar com seu apoio incondicional. A incapacidade de falar não era obstáculo para Juan Salvado; seus olhos possuíam a eloquência lúcida de um grande orador. Pensei que se devia à dieta constituída de peixe, o qual, segundo dizem, é muito bom para o cérebro, o que dava a seus amigos confiança na sabedoria de suas respostas.

– ¡Ay, ay! ¡Madre de Dios! O que faremos, Juan Salvado? – Maria iniciou uma das conversas enquanto eu corrigia o trabalho dos alunos em meus aposentos. – Não faço ideia, Juan Salvado, essas garotas são tão imbecis! Mas os pais também são. Eles são ricos e permitem que os meninos venham para o colégio com abotoaduras valiosas. Qualquer um poderia roubá-las! Isso quando esses estúpidos meninos simplesmente não esquecem onde as colocaram, o que é sempre o mais provável! Essas abotoaduras valem o pagamento de três meses de minhas meninas. Talvez um deles tenha pensado que uma delas seria mandada embora por tê-lo roubado. E agora teremos a polícia envolvida! Isso nunca aconteceu antes, Juan Salvado!

Olhei pela veneziana. Segundo os rumores, um dos meninos tinha se esquecido de tirar as abotoaduras de ouro da camisa e, quando se deu conta, pediu-as de volta na lavanderia. Ninguém tinha visto as abotoaduras. Eram valiosas porque, além de serem de ouro, também eram uma preciosa relíquia da família. Resultado: o menino acusou as lavadeiras pelo roubo, e agora os pais insistiam para que chamassem a polícia.

Felizmente, os incidentes dentro da jurisdição de Maria eram, em sua maioria, mais previsíveis e menos graves; no final, todas as questões eram resolvidas, é claro. Camisas danificadas eram invisivelmente remendadas (as habilidades de Maria com agulhas eram famosas), e até mesmo as abotoaduras foram encontradas e devolvidas a seu legítimo dono, graças aos esforços de santa Maria. Era assim que Maria comandava seus domínios. Ela não admitia interferência. Da mesma forma que uma tigresa protege os filhotes, ela regia o lugar com uma vara de ferro, mas com um coração de ouro. Nem os meninos nem as garotas podiam fazer nada de errado. Quando suas garotas cometiam alguma transgressão, ela resolvia o problema e "ai" de quem pensasse em interferir. Ela se isentava das responsabilidades do jeito que convinha e ganhava respeito e admiração por sua determinação. E, por tudo isso, Juan Salvado a ouvia atentamente, servindo como um sólido ponto de apoio.

Mas os garotos eram os que mais o visitavam. Geralmente chegavam em grupos para discutir a injustiça de alguma imposição ou as táticas para o próximo jogo de rúgbi. Eventualmente, porém, um deles escapulia sozinho para o terraço. Uma conversa em particular ficou gravada em minha mente, quando, um dia, Julio Molina apareceu com ar melancólico para consultar o oráculo.

– ¡Hola! ¿Qué tal? Olá, Juan Salvado, como está hoje? Que dia bonito! Que vista magnífica você tem daqui. Caramba, você pode ver todo o caminho até o rio. – Depois das amenidades preliminares, o tom tornou-se mais conspiratório. – Juan Salvado, ainda bem que o encontrei sozinho, porque poderei contar com seu conselho agora e... bem, não sei para quem mais poderia perguntar. Olhe só, conheci uma garota... Onde? Ora, na casa do meu primo. E eu, hum, bem, hum, ela é muito bonita e... bem, me pego pensando nela o tempo todo e fico me perguntando se deveria convidá-la para sair... huuummm... mas... bem, hum... hein? O quê? Desculpe? Ora, *Magnifico*... Você acha que eu deveria convidá-la para sair? Ora, ora... Uau! Acha mesmo? Ah, isso é maravilhoso! Ah, sim, *muchísimas gracias*, Juan Salvado, *muchísimas gracias*! Vou convidar! Farei isso agora mesmo.

E lá se foi o garoto, feliz da vida pelo caminho porque suas intenções tinham sido apoiadas por um amigo sincero e confiável.

11
Uma visita ao zoológico
Quando uma decisão difícil é tomada

A partir daquele primeiro dia em Punta del Este, no qual Juan Salvado não conseguiu nadar e cuidar de si mesmo, decidi que o apresentaria ao jardim zoológico de Buenos Aires. Pensei que, assim, ele se beneficiaria com a companhia de outros pinguins e a atenção especializada dos tratadores de animais. Depois de algumas semanas com meu novo amigo, acabei me ligando demais a ele, bem como muitos colegas meus, embora sabendo que precisava explorar outras opções. Os três meses de férias de verão tinham sido uma oportunidade única para viajar e, se dependesse de mim, teria aproveitado ao máximo esse período. Mas eu tinha assumido a responsabilidade de cuidar de um pinguim e precisava tomar providências adequadas para o bem-estar dele antes de sair em qualquer outra aventura.

Claro, eu não pretendia manter um pinguim ou qualquer outro ser vivo como animal de estimação enquanto estivesse na América do Sul. Eu era um jovem aventureiro que vivia no estrangeiro e que faria de tudo dentro de minhas possibilidades para explorar esse vasto, selvagem e romântico continente. O colégio me proporcionava uma base da qual podia operar, uma renda, apesar da taxa de inflação, e ainda quatro meses de férias a cada ano. A vida no colégio satisfazia a todas as minhas necessidades: quatro refeições por dia no refeitório e um soberbo apartamento de quatro cômodos, incluindo faxina e lavanderia. E, assim, era possível poupar quase todos os pesos de meu salário. Com o dinheiro economizado, comprei uma moto, meio de transporte ideal para exploradores sem dinheiro como eu, cujo desejo era imitar o estilo de viagem de Che Guevara, se não o de sua política. Mas, definitivamente, motos não combinam com exploradores que têm pinguins como companheiros de viagem.

Eu tinha o costume de visitar os pontos turísticos de moto nos meus dias de folga. Nos colégios internos, os membros residentes da equipe têm deveres a cumprir e, para compensar os sábados e domingos de trabalho, tínhamos um dia de folga durante a semana. Foi num desses dias, no início da primavera, que finalmente tive a oportunidade de visitar o zoológico de Buenos Aires.

Após o último *coup d'état* que derrubou a administração de Isabel Perón e levou ao poder o governo militar do general Jorge Videla, tudo começou a funcionar adequadamente. Os trens já não se atrasavam, e a economia da Argentina se estabilizou. A posse de moeda estrangeira não era mais um crime, mas a inflação se mantinha elevada e, consequentemente, no dia de pagamento, todos corriam para os bancos a fim de trocar pesos por moeda forte – ou seja: comprar dólares norte-americanos.

A moto estava *fora de combate* outra vez – o que provava que não era confiável – e, nessa ocasião, peguei um trem de Quilmes até a cidade, onde fiz a minha transação no banco antes de finalmente me dirigir ao setor de pinguins no zoológico.

As atrações usuais dos zoológicos não me interessavam, de modo que passei por leões, elefantes, jacarés e hipopótamos quase sem olhar, enquanto me fazia perguntas desconfortáveis sobre como manter animais selvagens em tal confinamento. Fui direto à piscina dos pinguins. Estava ansioso para ver como realmente eram as casacas em preto e branco dos pinguins, uma vez que as penas da barriga de Juan Salvado não tinham recuperado a cor original desde que se haviam manchado.

Fiquei chocado. Sete pinguins aparentemente infelizes zanzavam em torno de uma piscina rasa que não atingia sequer o alto das galochas dos tratadores, e o viveiro inteiro não era maior que o terraço de Juan Salvado. Só havia um pouco de sombra e todos se aglomeravam nela, mas não se comportavam como aqueles que viviam livres nas proximidades do mar. Eles agiam com indiferença, a certa distância uns dos outros e com as cabeças pendidas e desconsoladas.

Nos dias quentes como aquele, aquelas mesmas aves em estado selvagem passam os meses de verão no extremo sul da Argentina, muito mais frio. Fiquei decepcionado.

Eu já tinha visto grandes colônias de pinguins na natureza, nas costas da Patagônia e do Chile. E se comportavam como Juan Salvado, em constante alerta, curiosos e interessados, exceto quando dormiam, e ainda assim sempre pareciam felizes. Aqueles pinguins do jardim zoológico não pareciam felizes; na verdade, pareciam profundamente desconsolados.

Foi nesse momento que perguntei a um tratador se poderia interrogá-lo sobre os pinguins. Era um tipo alegre e amistoso, aparentemente feliz por ajudar.

Sim, pinguins sentiam-se perfeitamente felizes com uma dieta exclusiva de peixe, sem precisar de mais nada para complementar a alimentação.

Sim, pinguins precisavam nadar para se exercitar e manter a saúde, mas não necessariamente nas águas do mar.

Quanto maior a piscina, mais satisfatório era. O zoológico não podia manter um grande número de pinguins porque não havia espaço suficiente.

Sim, o calor de Buenos Aires não era apropriado, os pinguins não podiam viver naquela cidade o ano todo.

Sim, ele iria alimentar os pinguins naquela hora.

Sim, eram alimentados diversas vezes por dia. Comiam em média cerca de duzentos gramas de peixe por dia.

Fiquei mais tranquilo quando o tratador garantiu que os cuidados que oferecíamos a Juan Salvado no colégio eram aparentemente adequados; no entanto, se isso perdurasse por mais tempo, teríamos de providenciar algum lugar para ele nadar. A piscina do jardim zoológico não era grande o bastante para que os pinguins pudessem nadar de maneira conveniente, e, para mim, Juan Salvado precisava de uma experiência tão natural quanto possível.

Depois de se despedir, o tratador destrancou o portão e entrou no pequeno prédio do viveiro que parecia parte integrante de uma paisagem rochosa. Ele reapareceu alguns minutos depois com um recipiente repleto de pedaços de cavala. Desanimados e desinteressados, os pinguins observavam enquanto ele se aproximava.

Também observei curioso. Letargicamente, os pinguins pegaram os peixes oferecidos e logo reassumiram o desânimo. Fiquei chocado com aquele comportamento tão diferente ao de Juan Salvado. Ele corria para cima e para baixo quando ouvia a aproximação de uma visita e depois corria com a cabeça balançando vigorosamente para cumprimentá-la, e depois fixava os olhos no rosto do visitante e no que ele carregava. O patrono de Juan Salvado que oferecia o peixe sempre segurava a sardinha pela cauda para manter os dedos bem longe daquele poderoso, infalível e afiado bico.

Ficou claro para mim que o comportamento daqueles pinguins não era igual ao dos que viviam na natureza. Talvez o calor no viveiro do zoológico de Buenos Aires não fosse bom para eles – e ainda nem estávamos no auge do verão. Juan Salvado, por outro lado, vivia num terraço do colégio St. George, ao sul da cidade. A região rural e a brisa que soprava constantemente do rio mantinham a temperatura ambiente mais fria que a do jardim zoológico. De fato, Juan Salvado parecia usufruir o sol no colégio e, muitas vezes, quando não estava com visitas, era visto completamente imóvel, de frente para o sol poente, como se para extrair os últimos raios de calor antes de se deitar.

Então, era isso. Já com as informações que precisava coletar e ciente das condições do jardim zoológico, eu precisava apenas de tempo para considerar as opções.

Saí do zoológico em direção ao centro da cidade e, só por capricho, segui até a Harrods, filial da loja de Londres, para tomar uma xícara de chá. Eu precisava arquitetar o melhor curso de ação para Juan Salvado e, claro, observar o que não podia comprar.

A garçonete serviu-me o chá e recusei os sanduíches de pepino que ela me pressionou a aceitar. Em vez de admitir que não podia pagar pela iguaria, insisti em dizer que não estava com fome. Comecei a comer os torrões de açúcar assim que ela saiu.

Depois de derramar o chá do bule em minha xícara e de mexê-lo como se tivesse açúcar, comecei a pensar nos desdobramentos de minha visita ao zoológico. Juan Salvado parecia consideravelmente mais afortunado com a vida no St. George que aqueles outros pinguins. Comia muito mais que eles e tinha muito mais "amigos". Estava sempre alerta, ativo e muito feliz pelas companhias que tinha. Eram fatos verificados com o tratador e confirmados por meus próprios olhos. Ainda relutante, cheguei à conclusão de que entregá-lo ao zoológico de Buenos Aires não era o melhor para ele, a menos que não se apresentassem outras opções.

Se o mantivesse em casa, no St. George, e não o mandasse para o colégio interno de pinguins em Buenos Aires, realmente significaria agir em prol de seus melhores interesses? Seria muito cômodo decidir contra o zoológico, mas, segundo o conselho do tratador, estava claro que Juan Salvado precisava de um lugar para nadar. E uma solução para isso não era imediatamente óbvia. O que faria se ele se angustiasse seriamente quando chegasse o calor do verão? Qual era a opção? Pensei em levá-lo de volta à natureza, mas não seria tão fácil. Como o levaria de volta para Punta del Este, no Uruguai? Passar de novo pela Alfândega? Realmente? Que opções havia? O mar mais próximo para onde poderia levá-lo, na própria Argentina, envolveria uma viagem de trem de seis horas até o Mar del Plata, cerca de quinhentos quilômetros ao sul. Eu já tinha feito grande parte da viagem por engano, quando acabei caindo no sono após uma noitada particularmente boa em Buenos Aires. Acordei de madrugada numa estação desconhecida e, por sorte, consegui pegar o primeiro trem para Quilmes.

Talvez conseguisse viajar de trem com Juan Salvado até o mar, se levasse comida e partíssemos bem cedo, assim a jornada não seria muito quente; isso era viável, mas haveria pinguins naquele lugar? Se houvesse, eles o aceitariam na colônia? Haveria sardinhas para ele? E se ele se recusasse outra vez a me deixar? Essa linha de raciocínio não me pareceu muito promissora.

As colônias de pinguins selvagens mais próximas e conhecidas por mim estavam na península Valdés, uma viagem por terra de mais de 1.500 quilômetros de distância. As dificuldades práticas eram evidentes. A melhor opção seria levar a moto e o pinguim de trem até a Bahía Blanca e depois seguir de moto até Valdés. Arrisquei um palpite quanto ao tempo de viagem enquanto mexia o chá novamente. A primeira etapa, até Bahía Blanca, podia levar 14 horas; a segunda, de moto, mais dez. Eu não podia estimar a viagem de ida e volta em menos de quatro dias inteiros, e isso contra todas as advertências de prudência. Nesse caso, e se eu conseguisse? E se eu não encontrasse as colônias? Caso as encontrasse, faria sentido abandoná-lo naquele lugar, sem saber se ele seria aceito pelos companheiros?

Não, o mais razoável, concluí, seria fazer um reconhecimento de Valdés o mais rápido possível, deixando de lado, até então, os planos irreversíveis.

Aquela parada impulsiva no salão de chá da Harrods me obrigaria a pegar o último trem para estar em Quilmes a tempo de cumprir meus afazeres de fim de tarde no colégio. Isso, por sua vez, colocou-me em rota de colisão com uma *força maior*, ilustrando a necessidade de me preparar para todas as eventualidades na Argentina daquela época. Juan Salvado seria o menor dos problemas em meio ao que estava por vir.

Após um exílio de 18 anos, em 1973, Juan Perón iniciou o terceiro mandato como presidente da Argentina, aos 78 anos de idade. Sua terceira esposa, Isabel Perón, tornou-se vice-presidente. A luta interna entre as várias facções peronistas e o terrorismo deflagrado pelos Montoneros (um movimento de guerrilha urbana) desencadearam um enorme tumulto. As bombas matavam e mutilavam de modo indiscriminado, e os "tiroteios nas ruas", a princípio supostamente mais direcionados, ainda produziam "danos colaterais". Eu não estava preparado para o caos da Argentina nos dias que se seguiram à minha chegada, mesmo depois de ter sido alertado por meu novo empregador sobre o "choque cultural". A cada manhã, os jornais divulgavam longas listas de pessoas que tinham morrido no dia anterior em diferentes confrontos.

Em 1974, Juan Perón morreu de maneira súbita, e Isabel assumiu a presidência. Irremediavelmente deslocada do seu próprio centro, ela era mal aconselhada e não tinha a perspicácia política e a malícia que levaram sua antecessora, Eva, até o topo. A Argentina mergulhou na anarquia total. Embora meus conhecidos representassem uma ampla gama da sociedade argentina, aparentemente o consenso quase geral era de que a situação estava tão ruim que somente o Exército poderia restaurar a ordem.

Lembro-me vividamente de um programa de televisão em particular, exibido durante o tempo em que Isabel era presidente. Um aparelho de TV estava ligado em uma das salas comuns, e, como eu estava de passagem, entrei para desligá-lo. Foi só por acaso que assisti à transmissão. Assisti com absoluta descrença. O programa apresentava uma festa do partido que mais parecia a celebração de aniversário de uma criança, com doces, chapéus e brincadeiras musicais. Sorrisos quando os doces caíam no chão, sopros de apitos barulhentos e o som de *"cumpleãnos feliz"* enquanto apagavam as velas do bolo. Mas a "aniversariante" era ninguém menos que a presidente da República Argentina, Isabel Perón, e os festeiros de comportamento infantil eram membros do governo. Todos em absoluta negação. Essas palhaçadas frívolas do partido eram televisionadas para todo o país, que tinha, ao fundo, bombardeios diários e assassinatos hediondos.

A atmosfera gerada pelo terrorismo levava a maioria das pessoas a se preocupar apenas consigo mesmas. O que resultava disso não era nada confiável. As lojas podiam abrir ou não abrir, os trens podiam funcionar ou não funcionar, e o fornecimento de eletricidade não era garantido. Não sem razão, autopreservação era a prioridade de todos. E, com isso, as pessoas não trabalhavam ou trabalhavam sem o padrão que geralmente se esperava. O emprego tornou-se uma prioridade relativamente baixa. O governo de Isabel Perón não mantinha a lei e a ordem, nem cumpria os deveres e as funções básicas de todo governo, mas o Exército ainda relutava em assumir um golpe de Estado e impor a ordem.

Em 1955, um golpe militar derrubara a administração anterior de Perón e, embora o Exército tivesse passado o poder rapidamente para um governo civil, a mão sombria das Forças Armadas nunca se distanciou do comando durante as décadas de 1950 e 1960. Isso gerou um grande ressentimento público e levou os militares a se retraírem por um longo tempo na década de 1970. O Exército estava à espera de um clamor público mais amplo para "salvar" a nação.

O apelo à intervenção cresceu ao longo de 1975, à medida que a situação se deteriorava. Isso se intensificou a cada mês e, em 1976, era voz corrente que os militares estavam "prestes" a tomar o poder; ainda assim, dia após dia, nada acontecia. Ali pelo mês de março desse mesmo ano, os rumores de uma revolução já eram abundantes. No dia 21, escrevi uma carta para meus pais:

> *Uma breve nota. Circulam rumores e ninguém parece saber nada com certeza, mas, segundo uma transmissão do Serviço Mundial da BBC que acabei de ouvir, é iminente um golpe de Estado; caso isso seja verdadeiro, vocês não receberão correspondência por algum tempo. Não se preocupem! Não estarei envolvido.*

Os dias 22 e 23 transcorreram sem incidentes, mas, quando acordei, na manhã do dia 24, não se ouvia nada em todas as estações de rádio além de música marcial. (Confesso que soou como uma mudança agradável em relação ao implacável tango que, para mim, nunca era uma boa maneira de começar o dia, embora fosse profundamente emocionante nos bares escuros à noite.) Era o golpe de Estado.

A princípio, as esperanças eram grandes. Os atentados terroristas arrefeceram radicalmente. No geral, a população passou a agir de maneira mais responsável. Limparam as ruas, os sinais de trânsito voltaram a funcionar, as lojas abriram, as cartas aéreas chegavam dois dias depois de serem enviadas, e não após uma semana ou dez dias, e os trens agora eram pontuais. No que me dizia respeito, o golpe era um episódio bem-vindo.

Assim, naquele dia, me senti confiante de que o trem me levaria de volta ao colégio a tempo de cumprir meus afazeres, mas, na parada em Avellaneda, a caminho de Quilmes, depois de passar por Riachuelo, tropas armadas fizeram um cerco à estação.

Logo ecoou a gritaria e o tropel das botas militares. Solicitaram aos passageiros que saíssem do trem e nos conduziram até o edifício da estação, isso depois de muitos puxões e empurrões dos soldados que invadiam o trem e espetavam as armas nas pessoas que não se moviam rapidamente. Os oficiais gritavam para os soldados, e os soldados gritavam para os passageiros. Muitas pessoas caíram em meio ao pânico. Soaram gritos e chamados que tentavam localizar maridos, esposas, filhos e amigos, separados naquele corpo a corpo.

Aos sussurros, circulou uma notícia que alardeava a presença de terroristas no trem. Isso ocorreu apesar da ordem de silêncio e do aceno de submetralhadoras, uma ação para intimidar e gerar medo entre inocentes e culpados, além de constrangimento, soluços e súplicas pela intervenção divina. Crucifixos e rosários apareceram em muitas mãos.

Fomos divididos em grupos de cerca de trinta pessoas e aboletados em salas separadas, de costas contra as paredes.

Seis soldados com armas automáticas engatilhadas posicionaram-se de costas uns nos outros, no centro da sala na qual me instalaram. Eles ordenaram que tirássemos casacos e jaquetas para que pudessem nos revistar. Fomos tomados pela ansiedade. O suor brilhava nas testas. Debaixo dos braços dos soldados e passageiros, as grandes manchas escuras de suor revelavam um medo coletivo. Em poucos segundos, as gotas de suor escorreram pelo meu corpo naquele espaço quente, assustador e sem ar.

Os soldados eram, em grande maioria, recrutas muito jovens, talvez um pouco mais velhos que os meninos do colégio, e era visível que estavam com medo; seus olhos passavam rapidamente de um passageiro a outro, como se à procura de tranquilidade. Mantinham as armas contra os ombros, apontadas para o peito e a cabeça dos cinco ou seis passageiros imediatamente à frente. O silêncio reinou na sala. Eu me determinei a manter os olhos baixos, sem fazer contato visual com os soldados, porque isso poderia ser tomado como desafio ou provocação, mas acabei deixando os olhos à deriva por pura curiosidade em relação aos olhares dos outros passageiros e ao que os soldados estavam fazendo. Olhei para as armas. Fixar a visão no orifício escuro do cano de uma arma é uma experiência angustiante. Embora os dedos estivessem nos gatilhos, não se poderia dizer se as travas de segurança estavam acionadas. Ocorreu-me que jamais perceberia a pressão do gatilho de uma arma que apontasse para mim. Oblívio. Quão difícil isso seria para meus pais? E o que dizer de Juan Salvado? Quem mais poderia cuidar dele de maneira apropriada? Não, eu teria de superar aquilo pelo bem deles. Tudo que eu tinha a fazer era baixar os olhos e seguir as ordens.

Fomos revistados um a um. Cada um de nós era obrigado a dar dois passos para frente, talvez porque os soldados estivessem em busca de armas escondidas. Fizeram a inspeção de maneira íntima e desnecessariamente brutal, sem consideração pela privacidade ou pelo fato de que jovens revistavam homens e mulheres de todas as idades. Mas, claro, que ninguém protestou. Mais ou menos uma hora depois, acabou a revista e a checagem dos documentos dos passageiros. Foi quando ordenaram que voltássemos para o trem que, para o alívio de todos, só então pôde partir. Correu a notícia de que algumas pessoas tinham sido presas. Eu não sabia se era verdade ou não. O que eu sabia é que olhar para o cano de meia dúzia de metralhadoras nas mãos de soldados jovens e nervosos tinha sido uma experiência extremamente assustadora. E o pior era a desconfiança de que tanto os recrutas como os oficiais não tinham feito o trabalho direito. Foi quando me perguntei se a Argentina tinha pulado para fora da frigideira rumo ao fogo...

"Mas, definitivamente, motos não combinam com exploradores que têm pinguins como companheiros de viagem."

12

Mascote

Quando Juan Salvador salva o dia

No início de cada novo período letivo, geralmente todos os garotos estavam em boa forma, mas, transcorrido um tempo, circulava a notícia de "afastado dos jogos", junto a uma lista de adoentados e lesionados. Esperava-se, no entanto, que esses jovens pudessem sair para tomar ar fresco e se exercitar. Dependendo da gravidade da lesão ou da doença, eram incentivados a dar caminhadas leves ao redor dos campos de esportes ou caminhadas mais enérgicas até o rio.

Não demorou e um pequeno grupo de estudantes "afastados dos jogos" apareceu para perguntar se poderiam levar Juan Salvado para os exercícios ao redor dos campos enquanto os outros garotos jogavam rúgbi. E, dessa maneira, Juan Salvado foi apresentado àquele "jogo de *hooligans* praticado por cavalheiros".

Eles o levaram para assistir a um jogo entre dois times formados por menores de 14 anos – eu seria o árbitro. Juan Salvado se manteve junto ao pequeno grupo de "palpiteiros" que se movia para cima e para baixo da linha divisória do campo, apoiando e estimulando os amigos com comentários práticos como "posicione-se, seu pateta preguiçoso".

Por que razão Juan Salvado se mantinha no seu lado da linha, junto aos companheiros, não faço a mínima ideia. Mas ele acabou participando de inúmeras partidas de rúgbi, junto a diferentes palpiteiros, e, embora corresse ao longo da linha e próximo ao jogo, como se interessado em não perder nenhum movimento, nunca atrapalhava um arremesso ou chegava muito perto. Quando uma súbita mudança de jogada provocava uma corrida de jogadores que poderiam trombar com ele e derrubá-lo, mãos voluntárias o arrebatavam do solo e o carregavam para um ponto seguro.

Claro, não demorou e a equipe sub-14 percebeu que um pinguim era exatamente o tipo de mascote de que uma corajosa equipe de rúgbi precisava para dissipar o medo e o pavor em qualquer confronto. E assim Juan Salvado tornou-se o talismã oficial da equipe, trazendo, sem dúvida, alguma sorte para seus jogadores adotantes. (Ou talvez seja melhor dizer "adotados", porque realmente não sei ao certo quem adotou quem.)

Não muito tempo depois, em certa tarde quente e agradável de quinta-feira, eu terminava a arbitragem de um treino entre "possíveis" *versus* "prováveis" em preparação para um importante jogo, sob o olhar acurado de nossa mascote, quando chegou uma arrepiante mensagem.

Naqueles dias, tanto a chamada telefônica como o transporte aéreo internacional eram muito caros. Para se ter uma ideia dos valores relativos, um voo Londres–Buenos Aires em um BOAC VC10 (avião realmente incrível) custava mais de mil libras, em um momento em que a renda média era aproximadamente de 50 libras por semana.

As chamadas telefônicas internacionais eram, então, proibitivamente caras – talvez 50 ou 100 vezes mais do que custam hoje em dia – e, por isso, intoleráveis; só se faziam chamadas pessoais em circunstâncias urgentes. Isso não era um grande inconveniente; a correspondência aérea não demorava, em média, mais de uma semana para chegar ao destino, mas podia chegar em dois dias, quando o correio a recebia "na hora certa". O envio de correspondência também era barato – apenas alguns centavos. Obediente, eu escrevia para casa pelo menos uma vez por semana e também era assíduo na correspondência com outros parentes e amigos. Após a chegada inesperada de Juan Salvado, minhas cartas adquiriram um interesse genuíno para o pessoal lá de casa. O prazer de escrever e receber cartas escritas à mão não deve ser subestimado, mas até aquela tarde, em particular, não tinha havido telefonemas.

Uma voz ofegante chegou, correndo sobre pernas cansadas pelo campo, e chamou por mim.

– Saudações da sra. Trent e uma chamada telefônica internacional para você!

A mensagem atravessou uma fila de corredores até chegar a mim, convenientemente situado na extremidade mais distante do campus, a uns oitocentos metros do escritório. Olhei para os garotos junto a Juan Salvado e indiquei que o levassem de volta ao terraço e não esperassem por mim.

Havia dois tipos de serviço para os telefonemas internacionais. O telefonema de "lugar para lugar "era a opção mais barata; cobrança feita por minuto durante o tempo inteiro de chamada. A opção "pessoa para pessoa" era o dobro do preço, mas a cobrança só começava a partir do instante em que a pessoa requisitada chegava ao aparelho e conseguia falar com quem fazia a ligação. Se, por algum motivo, o destinatário não atendesse à ligação, não havia custo algum.

Eu só podia supor que tivesse acontecido algo ruim. Era a única razão plausível para que me fizessem uma chamada telefônica internacional. Afinal, "falta de notícia é boa notícia", não? Claro, alguém tinha morrido. As conjecturas giraram na minha cabeça. Meus avôs e avós tinham 80 anos ou mais. Mas estavam bem quando saí de casa. Meus pais estavam ali pela casa dos 60 anos. Mas não tinham comunicado nada de grave em suas cartas. Irmãos ou outros amigos próximos, talvez? Parecia improvável. Em momentos como esse é que nos damos conta do que é realmente importante para nós. "Oh, por favor, não deixe que..." Fui tomado por uma sensação de pânico, e o sangue fugiu do meu rosto quando o suor frio que não tinha nada a ver com o esforço do jogo se formou em minha testa. Lutei para manter a compostura.

Correndo para chegar o mais rápido possível, mas com pausas para resguardar o fôlego e conseguir falar ao telefone quando chegasse, segui até o escritório do administrador.

Por quem eu teria de pegar um voo de volta para casa? Que abominável pergunta sem resposta. Eu tinha dinheiro no banco para retornar a casa em caso de emergência, mas não para regressar a Buenos Aires. Fazia quase um ano que estava na Argentina e ainda nem tinha começado a saciar minha curiosidade turística. Oh, que virada cruel do destino! Um simples voo para casa equivaleria ao custo de um carro. Seria justo gastar com uma passagem a Londres por algum parente distante que talvez nunca tivesse conhecido? Mas não haveria relutância nenhuma se... "Oh, por favor, que não seja..."

Cheguei ao escritório com marteladas no coração. Chutei minhas botas enlameadas e entrei. Sarah sorriu ternamente para mim. Era a secretária do colégio, uma senhora simpática e prestativa, sempre invocada pelos jovens estrangeiros que, de tempos em tempos, precisavam de um pouco de carinho feminino.

O aparelho estava estendido na mesa, ao lado da base. Preto, sinistro e odiado por mim pela dor que podia me trazer.

Ela tapou o bocal com a mão.

– É pessoa para pessoa, por isso não se apresse. Espere até recuperar o fôlego. Respire profundamente. – Depois de sussurrar para mim, mentiu para a telefonista internacional: – Ele já está chegando. Só mais dois minutos. – Ela largou o telefone e rodeou a mesa com um sorriso pálido em minha direção. E depois roçou ligeiramente os dedos no meu antebraço. – Seja forte. – Em seguida, saiu do escritório e fechou a porta com firmeza, permitindo-me um pouco de privacidade.

Respirei fundo, peguei o telefone e disse o mais forte possível:

– Alô.

– Alô. Aqui é a telefonista internacional. É uma ligação pessoa a pessoa para Tom Michell, da mãe dele. É você? – soou uma voz fina ao longe.

Mãe chamando... então, isso significava... fiquei devastado – a base do meu mundo estava prestes a desmoronar. Minhas entranhas se contraíram. Eu sabia...

– Sou eu – respondi, com uma voz fraca e hesitante.

– Completando a ligação, agora – soou do outro lado da linha.

– Alô, mãe?

– Alô... é você, Tom? Está me ouvindo, Tom?

– Sim, pode falar mais alto? Quase não consigo ouvi-la.

– ESTÁ MELHOR ASSIM? JÁ PODE ME OUVIR?

– SIM, POSSO.

– OH, ALÔ, QUERIDO! FELIZ ANIVERSÁRIO!

– O QUÊ?

– Feliz aniversário, querido! Estou telefonando para lhe desejar feliz aniversário!

Fiquei sufocado pelas emoções agitadas. Era meu aniversário? Era. Ela realmente telefonava só para isso? Todos estavam vivos e bem!

Conversamos um pouco e me dispersei enquanto lutava para encaixar pensamentos e palavras com votos de feliz aniversário, esforçando-me para demonstrar prazer em ouvi-la. Eu não queria admitir o susto pelo telefonema inesperado, mas minha mãe não parecia ouvir o que eu dizia.

De repente, ela me interrompeu:

– E como está o pobre pinguim? Tenho estado tão preocupada com ele. Você o está alimentando direito? – Fiz o possível para disfarçar as dúvidas em relação ao meu jeito de criar o pinguim. – Pois é, eu só queria saber se está tudo bem com Juan Salvado. Mas agora preciso fazer uma caminhada com os cães; seu pai vai ter um ataque quando recebermos a conta do telefone; cuide bem do meu querido pinguim! Falei para todo mundo sobre ele!

– Está tudo bem? – Sarah abriu a porta depois que desliguei e ofereceu-me um chá. – Fiz um pouco para você. O telefonema poderia trazer má notícia... – Ela observou meu rosto em busca de pistas, pronta para me abraçar se eu precisasse de apoio.

– Você é muito gentil – eu disse. – Nenhuma notícia ruim. Foi só mamãe telefonando para me desejar feliz aniversário. Nem me lembrava disso. Acho que ela ligou por isso. Mas talvez também para se certificar de que estou cuidando bem de Juan Salvado.

Olhamos um para o outro por um momento, até que a tensão em nossas feições se dissipou, e rimos. Se apareceu uma linha de lágrimas nos meus olhos, eram lágrimas de riso. Tudo estava bem com o mundo. Cambaleei como um bêbado para fora do escritório, com os músculos transformados em geleia.

Uma partida contra o arquirrival St. Boniface tornou-se o auge da temporada de rúgbi e da corrida de cavalos regional. Foi um jogo acirrado entre os dois colégios, disputado ponto a ponto. A última partida da estação era sempre uma atração porque, geralmente, os dois colégios eram considerados os melhores times de rúgbi de Buenos Aires.

O dia do jogo contra o St. Boniface era sempre uma ocasião social. As cinco escolas visitantes alternavam-se a cada ano e cada uma delas apresentava uma equipe. Os jogos de sábado do St. Boniface eram especiais. As aulas matinais terminavam mais cedo, o que permitia um lanche leve antes dos jogos, seguidos por um suntuoso e social *asado* – um colossal churrasco argentino – para todos os participantes.

Como a rivalidade era feroz, convocaram-se árbitros de fora e fez-se de tudo para garantir o *fair play*. Com a redução das aulas matinais, os jogos dos juniores começaram a uns 45 minutos antes do primeiro jogo da XV competição, de modo que os jogadores mais jovens puderam assistir e apoiar o clímax da disputa entre os jogadores mais velhos.

Nas semanas anteriores, todos os treinos diários da equipe do St. George concentraram-se em extrair o máximo de aptidão dos jogadores, e ensaiaram-se as habilidades e os movimentos até que cada um soubesse exatamente o que devia fazer. Combinaram-se treinos com pesos e corridas na pista de atletismo com táticas no campo conduzidas com precisão militar, e explicou-se rigorosamente a estratégia em salas de aula, nas quais quadros negros exibiam as manobras sob a perspectiva de um pássaro em voo. Nada foi deixado ao acaso. O próprio diretor fez questão de participar de alguma forma de todos os jogos esportivos ao longo do ano, e ninguém duvidava da importância dos resultados para o prestígio da escola. À medida que a data do jogo contra o St. Boniface se aproximava, até o diretor passou a frequentar os treinos, e a equipe sênior de rúgbi abriu mão do tempo livre para ajudar e aconselhar os juniores. Os passeios de Juan Salvado à tarde serviam para que ele visse pessoalmente o progresso que cada equipe realizava.

O rúgbi não era jogado em todas as escolas de Buenos Aires, e, por isso, muitos garotos conheciam muito bem os adversários. Assim, cada equipe fazia uma ideia dos pontos fortes e fracos dos outros, de modo que os resultados dos outros jogos interescolares eram apenas uma questão de registro.

A equipe sub-14 do St. Boniface tinha um jogador muito habilidoso. Ele era conhecido por ser um vencedor. Além de destemido em roubadas de bola, era o mais rápido, de sua faixa etária, na corrida de 100 metros na província. Parecia um tanto antidesportivo que se chamasse Walker ("caminhante").

Walker jogava na posição de *full-back* e deixava o setor defensivo tão seguro que o resto da equipe sub-14 podia se concentrar no ataque, tal a confiança que ele inspirava nos companheiros. Mas a habilidade do garoto na leitura do jogo era tanta que, nos momentos-chave, ele se juntava ao ataque, e, assim, o time contava com um jogador a mais na sobreposição. E, quando Walker segurava a bola, a marcação de um ponto era quase certa. Ele jogava rúgbi desde os 6 ou 7 anos e era o capitão do time em quase todas as ocasiões, desde que os garotos começaram a participar das competições.

Luis Fernández era o capitão da equipe sub-14 do St. George. Era um garoto grande e forte para sua idade e levava a sério suas responsabilidades; no entanto, comparado a Walker, jogava rúgbi como um pedestre. A atmosfera tornou-se tensa a partir do pontapé inicial, mas isso logo se acomodou ao trabalho duro e simples de duas equipes que tentavam ganhar a posse da bola. Enquanto um dos lados batalhava pelo controle e combatia duramente na execução de um plano para pontuar, o adversário fazia de tudo para impedir esses esforços.

O jogo fluía e refluía sem maior interesse. Os espectadores percebiam a superioridade do St. Boniface. Pouco antes do intervalo, o St. George cometeu o primeiro grande erro. Depois de um lance confuso, a bola espirrou para um dos atacantes do St. George, que tentou abrir caminho com um passe longo e plano para os *backs*. Mas isso ocorreu próximo à nossa linha de gol, e nossos jogadores não estavam bem posicionados. Fazendo uma leitura impecável da situação, Walker, que estava a uns dez metros do lance, correu como o vento e interceptou a bola em pleno voo entre o passador e o receptor. Ele disparou a toda velocidade, deixando alguns jogadores do St. George impotentes e parados, enquanto outros corriam na direção errada. Em dois segundos, Walker projetou-se com a bola contra o solo e marcou o primeiro *try* da partida próximo à linha lateral, colocando o St. Boniface quatro pontos (pontuação daquela época) à frente. Felizmente, o *kicker* não conseguiu arremessar a bola por cima da barra horizontal do ângulo em que estava e, com isso, perdeu a chance de marcar mais dois pontos.

Quando o árbitro apitou para fazer o intervalo, o placar estava em 4 a 0 para o St. Boniface, e ambos os times se dirigiram às respectivas extremidades do campo para ouvir as instruções dos treinadores. Nos dias que antecederam à partida, os patrocinadores tinham anunciado a importância da ingestão regular de água das garrafas de plástico que, além de caras, eram importadas de regiões distantes, mas os jogadores de diferentes níveis sobreviviam aos 70 ou 80 minutos de uma partida de rúgbi com nada mais que um quarto de uma laranja para recarregar o organismo durante o intervalo. O portador do energético era ladeado pelos garotos que assistiam à partida e que, obviamente, acompanhavam Juan Salvado na torcida de seu time. Após as palavras de sabedoria e incentivo enunciadas pelos treinadores, os jogadores se afastaram e, quando jogaram as cascas de laranja na lata de lixo, se inclinaram para acariciar a cabeça do pinguim mascote em busca de boa sorte. Juan Salvado se esquivou dessas liberdades e, graças à sua visão panorâmica, olhou para outra direção. Enquanto os jogadores retornavam ao campo, ele se limpava com o bico, fazendo as pausas habituais de alguns segundos para observar ao redor e bater as asas vigorosamente, e depois examinava as próprias penas, sacudia a cabeça e, vez por outra, caminhava por entre as pernas dos garotos.

Após os cinco minutos de intervalo, a partida reiniciou sob o calor do sol da tarde. Os guardiões de Juan Salvado o conduziram a um lugar mais seguro, para além dos postes no extremo do campo adversário. Se, de um lado, o time do St. Boniface só precisava evitar que o St. George pontuasse para alcançar a vitória, do outro, o St. George teria de marcar duas vezes para ganhar. Ninguém apostava alto nas chances do time da casa.

Walker comandava sua tropa, confiando friamente em suas habilidades e experiência excepcional, e seus companheiros aceitavam suas ordens de bom grado. De sua posição, no setor defensivo, ele tinha a visão de um general. Fernández era de longe um jogador bem menos experiente. O contraste era gritante. Enquanto o calmo e relaxado Walker mostrava pleno controle do jogo e das emoções, Fernández se esforçava ao máximo, com o rosto em brasa e encharcado do suor que escorria do cabelo. Ele tentava marcar presença em toda parte, gritando palavras de incentivo e passando instruções para que a equipe brigasse pela posse da bola. Os minutos passavam, e a partida mantinha-se teimosamente em desvantagem para o St. George, o que indicava que o St. Boniface era o melhor time. Ao público, não restavam mais dúvidas de que o St. Boniface selaria a partida a seu favor se fizesse um segundo *try*.

Quando a partida entrou nos minutos finais, o público achou que o resultado estava definido e afastou-se para assistir ao primeiro jogo da XV competição, que estava para começar. Foi quando tudo mudou. Uma jogada no centro do campo, e, de repente, os atacantes do St. George tinham a posse de bola. O *meio-scrum* pegou e fez um bom passe para os *backs*, que correram com a bola. Nossos adversários fizeram uma boa marcação homem a homem.

Walker continuou calmo, próximo à sua linha de gol, assistindo ao desdobramento do lance. Ele não estava preocupado. Havia um defensor posicionado para cada atacante do St. George. Enquanto isso, Fernández saiu correndo no apoio, dando tudo de si e gritando para que lhe passassem a bola. De repente, naqueles segundos finais, tudo dependeria de um simples confronto entre os dois capitães.

Walker sorriu. Ele sabia que era melhor jogador. Os outros jogadores pararam para assistir ao drama. Fernández pediu apoio aos gritos, e o sorriso de Walker se alargou pela nova oportunidade que se abria. Fernández teria de fazer um passe longo, ou então enfrentar Walker corpo a corpo. Se optasse pelo passe, Walker poderia interceptar a bola, como já fizera, e marcar um segundo *try*. Se Fernández não fizesse o passe, Walker simplesmente o derrubaria e, com a bola no chão e fora de jogo, o St. Boniface obteria a vitória.

Fernández se preparou para o passe, avaliou a posição do vice-capitão, que corria atrasado no apoio, e fez uma ginga de braços estendidos para a esquerda, como se para dar um passe para a direita. Fez isso com toda a força que tinha nos braços, como se para dar um tremendo passe para um companheiro de equipe. Walker correu para interceptar a bola, com a presteza felina em toda a sua perfeição, mas percebeu, tarde demais, que Fernández não tinha feito o arremesso! Era um passe fingido, uma finta, e Walker tinha caído como um patinho.

Com aquele passe falso, Fernández avançou mais alguns passos e quicou a bola contra o solo, marcando um *try* para o St. George, bem debaixo da base do oponente. Quatro pontos! O árbitro apitou.

– É isso aí! – Fernández soltou um grito. – É isso aí! Fiz como Juan Salvado. Olhei para um lado e corri para o outro. – Suas outras palavras se perderam em meio à onda de aplausos. Juan Salvado também aplaudiu, batendo as asas e sorrindo para todos enquanto era aclamado pela contribuição prestada à dramática melhoria na sorte da equipe. De vez em quando, parava e balançava a cabeça, como um maestro se autodepreciando para desviar os aplausos para os músicos da orquestra.

Fez-se silêncio quando o *kicker* do St. George se preparou para a conversão mais importante de sua vida. Frente aos postes, só teria de arremessar a bola por cima do travessão para marcar mais dois pontos e ganhar a partida. Ele posicionou a bola, deu três passos para trás, abaixou a cabeça, nivelou a bola com os postes, fez uma pausa, respirou fundo, acelerou e chutou. A bola voou direto ao alvo. O árbitro soprou o apito final da partida e outra grande onda de aplausos explodiu entre os torcedores da equipe da casa. Vitória de 6 a 4!

Os capitães se cumprimentaram, mantendo o espírito esportivo até o fim, e depois cumprimentaram o árbitro e os treinadores da equipe adversária. E Juan Salvado retornou ao terraço para um merecido descanso. Mas, enquanto todos saíam do campo, Walker ouvia do pai que seria bom se os treinadores do St. Boniface pudessem aprender algumas lições com o pinguim.

13
Uma visita à casa de Maria

*Quando o círculo de admiradores
de Juan Salvador aumentou*

Eu planejava aproveitar as férias para investigar a possibilidade e a viabilidade de soltar Juan Salvado nas colônias de pinguins da península Valdés. Assistida pelos chefes, Maria cuidava de Juan Salvado com entusiasmo quando me ausentava do colégio à noite, e, por isso, pensei que poderia cuidar dele em minha ausência. Ela abriu um sorriso que me convenceu de que eu não tinha pedido muito. "Lá em casa tem muitos galpões avícolas", ela disse, e alguns estavam vagos, de modo que ficou combinado que a acompanharíamos até a casa dela após o trabalho, na véspera de minha viagem de reconhecimento.

A casa de Maria não era muito distante do colégio. Após a morte do marido, passou a morar com o irmão na casa onde nascera, ajudando nas tarefas domésticas, assim como fazia quando ainda era criança. Preparava as refeições na cozinha, alimentava galinhas e porcos, lavava e remendava roupas, cuidava das crianças pequenas enquanto as mães trabalhavam e bombeava a água do poço: todas as necessidades de uma grande família.

Juan Salvado e eu chegamos quando Maria saía da sala de costura e partimos para a casa dela com um suprimento de peixe que eu carregava. Fizemos isso sem pressa – Maria nunca se apressava. No ritmo dela, Juan Salvado pôde se manter aprumado sem dificuldade, e meus companheiros puderam andar à vontade, com um gingado que lembrava um par de metrônomos.

Segundo Maria, a terra fora doada ao pai na época em que as famílias eram preparadas para trabalhar o solo para sua subsistência. Fazia muito tempo que o pai de Maria ganhara um lote daquela terra pouco produtiva e pedregosa, às margens do rio da cidade, demarcada com terrenos de 100 metros quadrados. Ele construiu uma casa de madeira, inicialmente com um único quarto. Foi como trabalhador qualificado, ganhando por um dia de trabalho quando podia e ocupando-se em casa quando não encontrava emprego remunerado, que ele conseguiu criar a família. Se não me engano, Maria me disse que viviam onze pessoas naquela casa de um único pavimento. Os garotos mais velhos tomaram o próprio rumo no mundo, apenas com a roupa do corpo, e as garotas casaram com rapazes de famílias do mesmo nível, reiniciando o mesmo ciclo.

– Quais são suas lembranças mais antigas, Maria? – A pergunta se devia ao fato de que os idosos gostavam de falar dos tempos antigos, e assim, invariavelmente, se abria uma cornucópia de maravilhas.

– Ah, coisas simples. Apanhar os ovos das galinhas bem cedo para o café da manhã. Lá dentro de casa ainda estava escuro e fresco, e, lá fora, o sol já estava quente e brilhante. Lembro que minha mãe era bonita e que meu pai era forte, e me lembro do rangido do portão e da bomba de água. Lembro que me levaram para ver os primeiros trens na estação de Quilmes. Nunca tinha imaginado nada tão grande, tão potente e tão barulhento como aquilo. Quase morri de susto. Lembro que também vi os primeiros carros em Quilmes. Naquela época, só quem era podre de rico tinha um carro.

– Eu gostaria tanto de comprar um carro – comentei desgostoso, imaginando-me sentado em blocos e estacionado sob as folhas empoeiradas da Inglaterra. – Um carro tornaria tudo muito mais fácil nessa viagem a Valdés! Já quis ter um carro, Maria?

Ela ficou surpresa pelo meu pensamento.

– Graças aos céus, não! Nem por um segundo. O que faria com um carro? – Ela sorriu. – Só quero coisas que me deixam feliz. As pessoas sempre querem o que nunca as deixam felizes!

– O que a deixa feliz, Maria?

– Ora, meus filhos, minha família, meus amigos. Cultivar me deixa feliz. Flores no tomateiro, frutos maduros. Galinhas, porcos e cabras me deixam feliz. E também fico feliz quando trabalho. – Ela fez uma pausa e acrescentou: – Envelhecer com pessoas amadas me deixa feliz.

Considerei a profundidade da declaração e perguntei:

– Você se sente feliz com os pinguins, Maria? – Olhei para Juan Salvado, que caminhava ao lado, ouvindo atentamente a conversa.

Ela riu alto, dizendo:

– Ah, sim, eu me sinto muito feliz com os pinguins. – E acrescentou, quando nossa risada fez Juan Salvado erguer repentinamente a cabeça: – Claro que os pinguins me deixam feliz! Quem não ficaria feliz caminhando por uma estrada empoeirada no final da tarde, acompanhada de um pinguim? – Juan Salvado nos fez uma reverência.

Caminhamos em silêncio durante algum tempo. Juan Salvado olhava ao redor o tempo todo, tanto para o caminho e as fábricas como para nós e as cercas.

Em ritmo casual, levamos meia hora para chegar à casa de Maria. Fiquei encantado com as pequenas edificações e anexos, as árvores e arbustos e os retalhos de terra cultivada junto a outros ainda vazios. Era um bom lugar que serviria de abrigo e interessaria a Juan Salvado.

De repente, um furioso cão com aparência de lobo pulou um muro contra a luz e saiu correndo em nossa direção. Suas orelhas deitadas na cabeça e a língua avermelhada e espumosa entre dentes brancos à vista contrastavam com o mal em seus olhos. Ele levantou nuvens de poeira ao longo dos poucos metros que nos separavam. Hesitei por um segundo, sem saber como defenderia Juan Salvado: erguendo-o para fora do alcance da investida ou atacando o agressor diretamente? Mas logo ficou claro que a vítima não era Juan Salvado, e sim a própria Maria. Antes que eu tivesse tempo de reagir, o cão atingiu-a no plexo solar e a fez cambalear sem fôlego para trás, forçando-a a agarrá-lo pela cabeça para se equilibrar. Fiquei pasmo ao vê-la ainda de pé.

Com a cabeça enterrada no peito de Maria em frenética abalroada, o cão não parava de girar a cauda que o empurrava para frente como uma hélice. Isso fez Maria resfolegar.

– Uuuuuufa! – exalou Maria contra o impacto.

Fiquei atordoado e estupefato de horror pela velocidade da investida, até o instante em que Maria acariciou as orelhas do cão.

– Oh, Reno, seu cachorro bobo; claro, cheguei em casa, agora saia daqui.

Indiferente à aparência dramática daquele cão, que mais parecia um parente sul-americano do cão de Baskerville, Juan Salvado continuou farejando as florezinhas amarelas plantadas à beira do caminho.

– Reno! – soou a voz de um homem do outro lado do muro, fazendo o cão recuar com a mesma rapidez com que surgira.

– Maria! – falei, com tremores nos músculos. – Pensei que você estava sendo atacada pelo cão.

– Ora, ele é só um filhote desajeitado; logo, logo, se acalma – ela disse, enquanto ajeitava o casaco e recuperava o fôlego. – Mas será um desatino se alguém entrar na propriedade do meu irmão sem ser convidado. Venha conhecê-lo. Ah, ele já chegou.

Um portão empenado chiou quando um moreno encorpado e avançado nos anos o abriu para nós. Sua sólida aparência indicava uma vida de trabalho duro, e os olhos brilhantes combinavam com o sorriso.

De dentro do portão, ele apertou a minha mão, dizendo:

– Bem-vindo à nossa casa, *señor*. Sou Mano. Espero que não tenha se alarmado com Reno... Sabe, às vezes, as pessoas se assustam, mas ele seria incapaz de prejudicar uma mosca, não é, rapaz?

Reno abanou a cauda ainda mais, levantando uma nuvem de poeira, e depois se esticou de cabeça ereta, alerta, até o calcanhar do dono. Sua língua pendeu para fora enquanto ofegava, mais em refreamento que em recuperação, aguardando um comando. Um de seus olhos era verde, o outro, marrom, e ambos estavam cravados em mim. Algo no comportamento do cão me sugeriu que ele estava rindo de mim.

– Ah! E este deve ser Juan Salvado – continuou Mano, fazendo uma intensa reverência enquanto olhava para o pinguim, que seguia em frente e esquadrinhava o ambiente desconhecido.

– Vocês dois são muito bem-vindos. Vamos entrar para beber algo. Nola! Nossos convidados chegaram. Reno, já para a cama! Mateo, Donna, Gloria! Onde estão vocês, netinhos? Venham conhecer nossos convidados. Venham!

Acabadas as ordens, caminhamos em direção a casa enquanto Nola se aproximava com uma grande bandeja de refrescos e petiscos, e as crianças surgiam de diferentes direções. Uma das meninas segurava um coelho branco nervoso e assustado, e um menino talhava uma vara com um canivete. Logo, Reno correu para dentro de um canil de madeira.

Mano recuou e abriu caminho para um canto do pátio em frente à casa, protegido por uma velha trepadeira buganvília com muitas brácteas roxas ao redor de pequenas flores brancas. A planta tinha sido podada de modo a se desenvolver numa moldura de madeira apoiada em estacas.

Mano sentou-se numa cadeira, obviamente a dele, e fez sinal para que me sentasse em outra.

– Gostaria de uma bebida? – perguntou. – Vou beber um *mate*. Gosta de *mate*?

Antes que eu pudesse dizer que o chá argentino me lembrava uma infusão de erva seca arrancada de um campo que pouco antes era pasto de gado, ele ordenou a Nola que trouxesse um pouco mais, uma ordem antecipada e cumprida por ela. Antes de sair, ela disse que colocaria os peixes que estavam comigo na geladeira e que deixaria alguns numa travessa para que as crianças pudessem aprender a alimentar Juan Salvado.

E assim começou um agradável interlúdio no qual aquele homem encantador, extraordinário e agitado ordenava às pessoas ao redor que fizessem tarefas já feitas e fazia seguidos comentários sobre coisas que todos podiam ver perfeitamente bem por si mesmos.

– Donna, ponha o peixe na geladeira. Rápido, menina, antes que isso estrague.

– Maria, pegue outra almofada para o *señor*. Ele precisa de outra almofada.

– Mateo, onde está seu irmão Ernesto? Faça-o vir aqui de uma vez; preciso dele.

– Donna! Onde você está, menina? Você nunca está onde deveria estar. Aqui, menina. Fale com os vizinhos para virem aqui para conhecer o *señor* e Juan Salvado, o pinguim.

– Gloria, pegue algumas sardinhas e alimente o pinguim. Ele deve estar cansado depois dessa longa caminhada. Quero vê-lo comer. – (Nola já tinha deixado algumas sardinhas na travessa ao meu lado.)

– Até que enfim você está aqui, Ernesto; pegue mais cadeiras. – (Isso foi dito quando o garoto chegou cambaleando com cadeiras debaixo dos braços e as posicionou como se para uma reunião festiva.)

– Nola! Venha aqui, mulher! Olhe este pinguim. Que ave bonita, não acha? Olhe só, está coçando a cabeça com o pé! Maria, você sabia que o *señor* encontrou este pinguim no Brasil e o trouxe para casa? Nola, onde está você?

– Ernesto, agora coloque as cadeiras em círculo, assim muitas pessoas poderão se sentar. Ernesto!

– Ah! Vocês apareceram, Nicolás e Martina. Bem-vindos, vizinhos, aproximem-se e vejam este maravilhoso pinguim. Reparem, ele pode coçar a cabeça com o pé. Já viram coisa igual? Sentem-se ali, ótimo.

– Ha, ha, ha! Olhem só o pinguim! Martina, pegue algumas sardinhas na geladeira lá dentro. Quero ver o pinguim se alimentando; você não quer, Nicolás?

– O que esse coelho está fazendo aqui? Leve-o embora, menina!

– Ah, Mia, já está de volta? Por que demorou tanto? Isso não importa. Venha olhar o pinguim!

– Martina! Encontrou as sardinhas? Maria, mostre para Martina onde Donna as colocou.

Empurrei a travessa na direção dele.

– Ah, estão todas aqui. Encontrei. Venham ver, todos vocês, olhem isto. Juan Salvado vai comer algumas sardinhas. Vou alimentá-lo. E então, vizinhos, já viram um pinguim antes? Olhem como ele coça a cabeça! – Mano ergueu uma sardinha no ar, e Juan Salvado esperou pacientemente para poder alcançá-la. Mano, porém, desviou a atenção para outro acontecimento, deixando pinguim e sardinha a uns 30 centímetros de distância um do outro.

– Olhe, gente, Joaquín acabou de chegar. Joaquín, conseguiu fazer tudo que lhe pedi? Sem problemas, não é? Venha ver este pinguim, Joaquín. Foi resgatado e agora ficará conosco por alguns dias. Tenho alguns metros de arame e quero que você veja se o velho galinheiro está seguro para ele. Ah, onde está o arame, Maria? Onde é que coloquei o raio do arame? Argh!

Nesse mesmo momento, Juan Salvado arrebatou o peixe da mão de Mano e quase levou os dedos do homem junto; ele tinha abaixado o braço enquanto falava, e, já que o peixe estava à mão, Juan Salvado não fez cerimônia. O alimento se foi com o retumbante estalo de sempre.

– Ai. – Mano puxou a mão e examinou os dedos. – Viram isso? Vejam, todos vocês. Vejam como o pinguim come a sardinha rapidamente. Caramba, nunca vi nada parecido. Gloria, minha filha, venha aqui, você será a próxima a dar uma sardinha para o pinguim. Faça como acabei de mostrar. Muito bem, vá em frente, garota, ele não vai machucá-la.

Depois de respirar fundo, Gloria pegou uma sardinha e corajosamente estendeu-a para Juan Salvado, de maneira mais atenciosa e bem diferente da que Mano tinha feito.

E Mano então continuou fazendo comentários. Muitas outras pessoas chegaram – amigos, parentes e vizinhos –, e logo perdi o controle das cuidadosas apresentações que ele fazia. Sentadas em cadeiras ou no chão, beberam *mate* em um semicírculo ao redor de Juan Salvado, que adorou ser o centro das atenções, como sempre, e fez de tudo para tirar os holofotes de cima de Mano. O pinguim examinava as penas e ingeria o peixe para o grande apreço do público, que assistia encantado.

Com Juan Salvado aparentemente satisfeito na companhia de pessoas tão simpáticas, como sempre, me despedi de Maria sem dificuldade e saí despercebido para a viagem de visita aos pinguins selvagens. Fiquei feliz porque ele estaria em boas mãos durante meus quatro ou cinco dias de viagem.

"Mas isso vai chocar?"

14
Louco por pinguins

Quando visitei colônias de pinguins e convivi
de perto com outras formas de vida selvagem

A chegada do dia seguinte trouxe a minha prometida expedição à península Valdés. Eu havia trabalhado incansavelmente e deixado tudo preparado para poder sair de Buenos Aires logo que pudesse. Tinha uma pasta com papéis autenticados por um cartório público local, para confirmar que eu era o proprietário legal da moto, e outros documentos que validavam as credenciais do cartório. Curiosamente, nenhum dos documentos que me foram exigidos se referia ao controle técnico do veículo.

Eu tinha confeccionado, nas oficinas do colégio, dois baús – de madeira compensada e alumínio – para a moto, projetados para transportar os dois pneus sobressalentes que completavam o kit de ferramentas que supririam a Gilera 200cc durante a expedição. Com inflexível determinação, guardara combustível e óleo de reserva, barraca e saco de dormir, fogão a álcool e minúsculas rações, junto a roupas e um kit de primeiros socorros de bolso. Estava pronto para viver a liberdade!

Também tive de levar a moto de trem até a Bahía Blanca. As viagens de trem eram muito baratas. Isso não era rápido, e as distâncias eram imensas, mas assim poderia cobrir os primeiros oitocentos e poucos quilômetros em menos de um dia. Tive de viajar com a moto na caminhonete do guarda ao longo da estrada, com tudo que carregava comigo, pois não sabia se seria seguro deixá-la abandonada em algum lugar.

A Argentina é abençoada por uma espetacular e extensa faixa costeira que abriga notáveis criadouros para aves e animais marinhos. Distante uns 1.450 quilômetros por estrada do St. George, a península Valdés, além de ser um desses criadouros, é conhecida não apenas pelas colônias de pinguins, mas também pelos leões-marinhos, morsas e baleias. Situada no canto nordeste, ao sul da província de Chubut, maior que a Inglaterra e a Escócia juntas, a península é quase uma ilha, ligada ao continente apenas por um estreito istmo. A área da península Valdés é quase do mesmo tamanho que a da Cornualha ou Long Island e se assemelha, se é que se pode assemelhá-la a algo, ao feto de um pinguim ligado ao continente por um cordão umbilical. Por consequência, existem dois grandes golfos de água armazenada, cuja área total é igual à da "ilha". Essa fusão de correntes oceânicas com latitude e topografia acabou por produzir um ambiente desejável para a reunião anual das aves pelágicas e dos mamíferos. Ainda hoje, o total da população humana de toda a província de Chubut não é maior que a da Cornualha (cerca de meio milhão). E ali se encontram paz e solidão, outra razão pela qual a vida selvagem é tão rica, de modo que eu morria de vontade de explorar essa selvagem e maravilhosa região antes mesmo de ter conhecido Juan Salvado.

Eu sabia que uma viagem solitária a lugares isolados me deixaria vulnerável a muitos perigos. Naqueles dias, muitos argentinos abastados tinham guarda-costas, e as armas eram legais, disponíveis e baratas, e por isso eram portadas por muitos viajantes, embora não gostassem de admitir isso. Várias vezes cheguei a pensar em comprar uma arma de fogo, mas sem saber ao certo se realmente me serviria para segurança.

Saí de Bahía Blanca e naveguei rumo ao sul, ao longo da costa de San Antonio até a península. A moto teve um desempenho espantosamente bom, e obtive um excelente progresso. Enchia os vasilhames de combustível a cada oportunidade e me informava sobre a distância até o ponto de abastecimento seguinte. Encontrava meu próprio combustível em alguns restaurantes de beira de estrada e reabastecia os suprimentos para que sempre tivesse comida suficiente para alguns dias.

A geologia de Valdés é impressionante – baixa altitude e semiárida. Isso, no entanto, tornava o contraste de toda aquela rica vida selvagem ainda mais excepcional. Grande parte das estradas não era asfaltada, e nuvens de poeira levantavam-se atrás de mim. Lá do alto, avistava as praias e o oceano que se estendia para além. Nos trechos de vegetação esparsa, retirava a moto da estrada e fazia pequenos desvios para obter melhores vistas. Em minha exaltação, imaginara que os pinguins afluiriam positivamente para fora do bando a fim de me cumprimentar, do jeito que Juan Salvado fazia a cada manhã no terraço. Contudo, nas praias ao longo da costa da península, reuniam-se pinípedes – morsas, leões-marinhos e focas – em grande profusão para a temporada de acasalamento e de geração de filhotes.

Os leões-marinhos machos e adultos sul-americanos são magníficos animais, e fazem jus ao nome que têm. Com focinho curto, cabeça grande e ombros com suntuosa juba de pele cor laranja-amarronzada, são realmente leoninos. Juntos na praia e na defesa de seus territórios e haréns, erguiam os narizes tão alto quanto podiam para intimidar os rivais.

Com a presença dessas criaturas, a popularidade das águas ao redor de Valdés acabou por produzir ricos campos de caça para as baleias assassinas que circulavam no mar, mas pude observar que os notáveis leões-marinhos pulavam da água para escalar os íngremes declives de acesso ao santuário de inúmeros platôs, uma característica do litoral de Valdés. Os animais adultos desciam essas encostas escarpadas para resgatar os filhotes indefesos na água e depois os conduziam em segurança, agarrados ao pescoço.

Naqueles dias, não existiam barreiras que separavam a vida selvagem dos turistas como eu, mas, por discrição e garantia, sempre me mantinha a quase 30 metros de distância. Naquele raio de ação, eles rolavam a cabeça para os lados, sugavam as próprias bochechas e me olhavam com olhos úmidos e cintilantes. Era uma atitude respeitada por mim.

As morsas são bem maiores e bem mais feias que os leões-marinhos, e, de onde razoavelmente se espera um nariz, pende uma protuberância que parece uma grande bota amassada. Um macho adulto dessa espécie de Leviatã pode ultrapassar seis metros de comprimento e quatro toneladas de peso – mais que o dobro do comprimento e dez vezes mais que o peso de um leão-marinho –, e nem mesmo os quase 30 metros me pareciam uma margem adequada de segurança, embora as morsas sejam menos ágeis em terra que os leões-marinhos e os façam parecer o epítome da graça.

Em todos os lugares observados, duelos de chocante violência eram de paralisar, como entre os grandes touros de diferentes espécies que lutavam pelo domínio territorial. Uma batalha implacável terminou com o derrotado sendo arremessado pelo precipício abaixo. Combatentes empinavam-se e tombavam como árvores sobre os adversários, cortando, mordendo e rasgando a carne no entrevero, sempre alheios às vacas e bezerros ao redor. Tais confrontos ecoavam no ar, e a própria praia parecia tremer, e os ferimentos dos vencedores e vencidos eram terríveis. Não surpreendia que os pinguins não povoassem aqueles territórios.

 A certa distância da costa, pastagens e cerrados serviam de lar para o *ñandú* ou ema, uma ave que não voa, parecida com o avestruz e que mede cerca de 1,5 metro de altura, e para o guanaco, parente do camelo, semelhante ao cervo. Consideravelmente mais altos que a vegetação, ambos eram bem austeros e desconfiavam de mim quando me aproximava demais, mas observavam com interesse sempre que eu atravessava as trilhas de terra com minha motocicleta.

Enfim, na minha primeira visita a Valdés, não encontrei nenhum outro ser humano durante todo o percurso. Nem avistei um único pinguim, embora tenha procurado durante quase dois dias. Atribuindo isso ao desconhecimento da região e ao litoral de centenas de quilômetros, e sabendo da existência de outras colônias mais ao sul, decidi atenuar minhas perdas. No dia seguinte, coloquei-me a caminho de Punta Tombo, onde, segundo o que diziam, encontravam-se pinguins em terrenos aparentemente mais apropriados para o acasalamento.

 Fiquei sabendo, em algum momento durante o trajeto até Punta Tombo, que uma tempestade estava por vir. Logo a temperatura baixou, o céu escureceu e o vento mudou de direção, aumentando consideravelmente sua força. Andar de moto sob uma chuva pesada em estrada de terra é impossível, mas ser apanhado por uma tempestade de granizo nos pampas pode ser perigoso – até mesmo fatal. Isso porque, às vezes, as pedras de granizo são muito grandes. Olhei de relance para um amontoado de árvores que poderiam me proteger da tempestade por desabar a qualquer instante. Segui uma trilha fora da estrada e abriguei-me sob a maior de seis árvores de eucalipto de um pequeno bosque. A tempestade iniciou com um inesperado estrondo. A princípio, com granizos pequenos, não maiores que passas, que caíam por entre as árvores, mas que se tornaram maiores com a intensidade cada vez mais crescente da tempestade. No auge da tormenta, eram grandes como bolas de golfe ou ovos de galinhas, batendo por entre as árvores, arrancando folhas e galhos, saltando e fazendo um barulho ensurdecedor. Em queda livre, causariam danos significativos em vidraças, carros, animais e pessoas; segundo o alerta que recebera, às vezes os granizos atingiam o tamanho de bolas de críquete, que chegavam a matar o gado. Sem tirar o capacete, abriguei-me debaixo de uma árvore e, assim, pude evitar quase todas as pedras. Mesmo depois que a tempestade abrandou, era impossível continuar, porque a estrada estava coberta de gelo. Não havia nada a ser feito, a não ser esperar até que o gelo derretesse. Pensei em Juan Salvado debaixo da mesa no terraço e deduzi que os pinguins daquele lugar encontravam refúgio na água quando eram açoitados por balas de canhão de gelo.

A estrada secundária que levava a Punta Tombo era uma pista de terra esburacada, a uns 160 quilômetros de distância da península Valdés. Levei um dia inteiro nesse percurso, mas a visão de quando cheguei era tão impressionante, tão espetacular e tão abundante de pinguins-de-magalhães, que a viagem teria valido a pena mesmo que eu tivesse empurrado a moto o tempo todo.

Os arredores e a longitude da costa ao norte eram constituídos de pinguins em números incontáveis. Se uma exploração completa de Valdés levaria meses, por outro lado, Punta Tombo era uma península com apenas três quilômetros e poucos de extensão. O que me intrigava era o que tornava aquela pequena região tão aprazível para os pinguins – talvez a ausência de pinípedes. Mas milhares de pinguins não poderiam estar errados quanto a essa escolha. Observei que cada um deles fazia algo dentro do comportamento característico da espécie. Havia pinguins de asas abertas que pareciam espantalhos e assistiam às outras aves com movimentos constantes de cabeça; pinguins que andavam lentamente; pinguins em investidas; pinguins que corriam até a água e nadavam ou retornavam à praia e chamavam os outros; pinguins que marchavam determinados até a praia para alimentar os filhotes famintos; pinguins que coçavam a cabeça com os pés ou que esfregavam a cabeça e o pescoço contra o peito e os ombros; pinguins que sacudiam os rabos; e pinguins que examinavam as penas.

Seria errado descartar rapidamente esse "ritual de beleza" porque os pinguins gastam muito tempo nessas únicas atividades. Utilizando o bico, examinam o peito, as partes anterior e posterior do corpo. Examinam as partes anterior e posterior das asas e também por cima e por baixo e ao longo das asas, e sobre os ombros e ao redor do pescoço e das pernas e por entre as pernas e sob a barriga e ao redor do rabo; enfim, cada parte do corpo acessível aos seus ágeis bicos. E aqueles cujas penas não estavam ao alcance dos bicos utilizavam os dedos.

Graças a Juan Salvado, pude estudar as penas dos pinguins e saber que não crescem em pontos aleatórios, mas em linhas e colunas que, juntas, formam um padrão em torno do corpo. Fiquei sabendo que cada ave examina cada pena com impecável atenção, segundo uma fórmula própria, tal como Juan Salvado que, diariamente, procurava atestar se cada pena estava em perfeitas condições: impermeável, flexível e deslizante, sem obstáculos para o movimento. Da mesma forma que as aves dominam o ar por intermédio das penas, elas também dominam as águas da Terra. A minuciosa observação desse processo me fez entender a notável engenharia evolucionária das penas, tanto em geral como as do pinguim. Claro que divaguei a respeito. Se os pinguins continuassem evoluindo um milhão de anos a mais, seria possível qualquer outro desenvolvimento extra? Não vislumbrei nenhuma possibilidade de melhoria no desempenho.

Mas, em Punta Tombo, acabei aprendendo o que ainda não tinha aprendido enquanto observava Juan Salvado. O que me escapara era a familiaridade entre as aves e o envolvimento com seus pares. Muitas eram pais que cuidavam dos filhotes, mas as que não eram se comunicavam continuamente com outras pelo contato visual. Nenhuma ação do pinguim durava mais que alguns segundos, e rapidamente ele desviava a atenção para os vizinhos. Tão logo obtinha o aparente e necessário descanso, ou garantia ou aprovação, ele continuava com a ação anterior ou iniciava uma nova. Essa era a vida social dos pinguins, da qual Juan Salvado obviamente necessitava e a substituía por pessoas. Fiquei muito triste por ele, porque os seres humanos são incapazes do intercâmbio contínuo propiciado pelos sinais do pinguim. E me perguntei quanto tempo conseguiria conviver com pinguins como única companhia, até que sentisse necessidade de companhia humana, o que equivalia à condição de Juan Salvado no St. George.

O solo nos arredores das praias de Punta Tombo era crivado de buracos e depressões, nas quais os pinguins dormiam aninhados. Enquanto alguns só tinham algumas penas da cauda escondidas, outros se encolhiam de tal modo que apenas a ponta do bico aparecia. Esses eram os mais inativos, aparentemente. Ou estavam chocando os ovos ou os filhotes, ou então simplesmente demarcando território; eu não tinha como saber e não queria perturbá-los com investigações mais próximas.

Os pinguins não estavam sozinhos em Punta Tombo. Havia pequenos rebanhos de guanacos vagando pelas redondezas, acompanhados de ocasionais coelhos e *ñandús* de diferentes idades e tamanhos. Embora, muitas vezes, outras espécies se aproximassem dos pinguins, o contato era inteiramente pacífico, e não testemunhei nenhum tipo de interação entre eles, exceto uma vez. Foi quando um grupo extraordinariamente animado de pinguins que agia de um modo bem diferente de tudo que observara até então chamou minha atenção. Eram uns 30 pinguins com uma falange em forma de lágrima, em aparente investida contra alguma presa. Os líderes se projetavam para frente e bicavam em direção à presa, quase como se na tentativa de marcar um *tackle* num jogo de rúgbi. Quando a primeira fileira caiu, um segundo grupo de pinguins se apressou em formar uma nova vanguarda de ataque enquanto os caídos se juntavam ao grupo da retaguarda. Esse progresso continuou a uma distância de quase 50 metros, enquanto outros pinguins observavam o espetáculo a certa distância e sem fazer nenhuma tentativa de participar.

Fiquei sem saber o que eles estavam fazendo, até que vislumbrei a vítima: um tatu que tentava escapar daquele exército de bicos. Ele saiu correndo até alguns arbustos, e, só quando chegou ao santuário de proteção proporcionado pela densa vegetação rasteira e espinhosa, foi que a perseguição dos pinguins chegou a um impasse. O tatu roubara ovos ou filhotes? Eu não sabia se isso era parte da dieta daquelas criaturas escamosas, mas o fato é que os pinguins não toleraram a presença estranha em sua colônia e a expulsaram. Só deixaram a perseguição de lado quando o tatu sumiu naquela vegetação impenetrável para os outros e que o blindava. Eu também tinha sido vítima da bicada de um pinguim, e senti pena do intruso enquanto esfregava meu dedo com cicatrizes, consciente do que era aquela dor.

Caminhei ao longo das colônias sem que os pinguins reagissem, a não ser quando me aproximava demais. Quando assim o fazia, eles simplesmente saíam do caminho e abriam um amplo espaço para mim. Se, por um lado, não me deixavam chegar mais perto para tocá-los ou pegá-los, por outro, pareciam tão indiferentes à minha presença quanto os guanacos. E, quando me sentava no solo, eles continuavam absortos no que faziam e me ignoravam, como se não houvesse ninguém ali. Foi um momento bem-aventurado, porque me senti inteiramente integrado à natureza.

Fiquei pouco tempo com aqueles pinguins. Caminhei pela pequena península e ao longo da costa. Cada pequena enseada e pedaço plano de terra estavam ocupados e enfeitados de pinguins. Aparentemente, não restava mais espaço para pinguins naquele pedacinho de terra.

Naquela noite, acampei novamente nos ermos de Punta Tombo, a uma pequena distância dos pinguins, e os mais curiosos se aproximaram para me observar enquanto eu trabalhava. Embora logo tenham perdido o interesse, outros rapidamente os substituíram quando armei a barraca e preparei um jantar de batatas fervidas na água do mar, com manteiga e peixe em conserva.

De manhãzinha, observaram-me quando tomei o café da manhã e quando desmontei o acampamento e parti. Depois que cheguei ao extremo sul de minha jornada, ladeando o oceano Atlântico tanto quanto possível, segui outra vez para o norte, abraçando o lado ocidental do país.

Nesse dia, em especial, parei um pouco antes do pôr do sol no sopé da cordilheira, a poderosa Cordilheira dos Andes, apenas visível. Coloquei a moto a quase 500 metros de distância da estrada e armei a barraca entre os tufos de capim dos pampas, os quais, às vezes, atingem quase dois metros de altura. Eu estava fora do alcance da vista da estrada, e era provável que ninguém me encontrasse ali por acaso.

Eu tinha uma pequena e resistente barraca de lona, equipada com recursos modernos e cobertura inteiriça; sem fechos de correr, mas com abas amarradas por cadarços.

Preparei a comida no pequeno fogão a álcool, escrevi no diário de viagem, fiz nova checagem da moto e dos pneus e depois fui para a cama. Fazia frio e me reconfortei dentro do saco de dormir. A lua minguante ainda não tinha aparecido no céu e apenas as estrelas iluminavam a noite. Caso contrário, tudo estaria absolutamente escuro. Eu estava tão cansado que logo caí no sono.

De repente, acordei. A lua, no seu último quarto, já tinha aparecido e agora estava acima do horizonte.

Por que tinha acordado abruptamente? Apurei os ouvidos. Ouvi passos lentos, furtivos, deliberados – sem dúvida... silenciosos... aproximando-se da barraca –, e não eram poucos.

Agucei cada fibra do meu ser em busca de alguma pista que me revelasse quem se aproximava. Fiquei com o coração acelerado e a respiração ofegante demais para ser disfarçada.

Soavam outros ruídos pela noite. Ventos suaves agitavam a relva dos pampas e insetos se dispersavam às pressas. Em meio a isso, aqueles passos ainda na terra macia e seca. Quase me tocavam enquanto os ouvia. Eram distintos e inconfundíveis.

Quem estaria me espreitando? Por quê? Se fossem intenções honradas, já teriam me chamado de certa distância e se apresentado, e não se esgueirado como um ladrão na noite.

Os ruídos vinham do meu lado direito, isso era certo. Abri o fecho do saco de dormir com muito cuidado. Senti cada dente do zíper à medida que o abria para poder escorregar as pernas para fora. Eu estava de camiseta e calção. E com a mente agitada. Dois adversários, no mínimo. Alguma arma comigo? Só tinha um *facón*, uma faca gaúcha, só isso. Que uso teria? Se estivessem armados e com intenção de roubar, atirariam em mim, pegariam o que bem quisessem, e meus ossos jamais seriam encontrados. Mas meus pés eram provavelmente os primeiros pés humanos a tocar aquele pedaço especial de terra, tal era o afastamento da província de Chubut em relação à região onde me encontrava.

Os passos chegaram cada vez mais perto. Já eram claramente audíveis, como se desconhecidos estivessem rastejando como raposas furtivas na relva seca.

Eu teria de lutar pela minha vida a qualquer momento. A surpresa era minha única chance. Era melhor não continuar trancado dentro da barraca ou estaria impotente. Se não tivesse sido tão estúpido, se tivesse comprado uma arma, não estaria naquela enrascada. Que imprudência viajar sozinho! Amaldiçoei meu anseio pela aventura. Os passos estavam a poucos metros de distância, e eu só tinha uma faca ruim e uma lanterna fraca.

Planejei o que faria enquanto afrouxava os nós que amarravam as abas da barraca. Sairia com a lanterna e a faca e gritaria "bang" o mais alto possível. A surpresa talvez me desse uma vantagem, apenas para desferir um primeiro golpe.

Eu estava pronto, e agora os passos estavam em frente à barraca. Eu podia ouvir a respiração. Cinco metros, menos. Era agora ou nunca.

Pulei para fora da barraca com a lanterna acesa e aos gritos de "bang, bang, bang", como se minha vida dependesse daquilo, e claro que dependia. Com o brilho da faca à luz da lanterna, avancei frenético em direção aos agressores. Euan, meu parceiro de bebidas em Buenos Aires, sentiria orgulho de mim.

Fiquei atordoado com as duas luzes brancas e ofuscantes que cintilaram na escuridão à minha volta. Levei só um segundo para perceber que a luz de minha lanterna estava refletida nos olhos de um bovino aterrorizado que perambulava nos arredores e fora grosseiramente atacado no meio da noite por um inglês demente, com a clara intenção de abatê-lo, ou pior. Com um urro frenético de pânico, o bovino girou a cauda e fugiu. Seus passos de novo quase me tocaram enquanto o ouvia retroceder apressado na escuridão.

Ainda tremendo de medo e rindo no frio do amanhecer, acompanhei o bovino meliante com o feixe de luz da lanterna, até que não o pude mais ver nem ouvir. Desliguei a lanterna e observei a velha lua crescente que agora trazia à vista as touceiras de relva dos pampas. Órion, o caçador celestial, estava alto no céu do hemisfério sul. Elevava-se orgulhoso acima de mim, com uma espada empunhada ereta e pronta para o combate, enquanto eu remedava a postura dele no solo, mais abaixo.

– Quem precisa de arma quando se tem espada? – Órion pareceu questionar. Obviamente, ele não tinha a mínima ideia de como eu estava assustado e do quão certo também estava do perigo mortal. Sentindo-me um tolo, retornei ao saco de dormir, determinado a nunca contar para ninguém o quão perto aquele bovino estivera daquele que o mataria – caso eu estivesse com uma arma.

No dia seguinte, retomei a longa viagem de volta à Bahía Blanca. As principais rodovias nos recônditos da Argentina são retas como setas, por quilômetros e horas a fio, e às vezes se passa muito tempo sem se ver outro veículo na estrada. Com o tempo ótimo, nuvens preguiçosas, macias e brancas se estendiam até o horizonte distante. E eu deslizava suavemente na plana e invariável paisagem dos pampas enquanto ponderava sobre o futuro de Juan Salvado. Estava feliz pela viagem ter demonstrado que seria possível levar o pinguim ao encontro de seus parentes apenas com meus recursos, caso pudesse improvisar algum método para carregá-lo por toda aquela distância, mas, por outro lado, a ideia de deixá-lo partir me deixava triste. Certamente, não seria uma viagem fácil para o pinguim, e era preciso saber se as dificuldades e as privações de tal percurso eram a melhor opção.

Faltava uma hora para chegar à Bahía Blanca, quando senti uma súbita guinada, e, em seguida, o motor da moto pifou. Fui invadido por diferentes emoções – sobretudo frustração e desesperança – só de pensar em empurrar a moto ao longo de quilômetros. Em momentos como aquele, a moto se tornava uma punição de Sísifo. Logo desengatei a embreagem e deixei a moto rodar livre pela estrada, tanto quanto possível, enquanto ponderava sobre os últimos ruídos que ouvira do motor. Se não tinha havido um estouro, apenas um corte súbito, era mais provável uma pane elétrica e menos um problema de combustível, mas e se tivesse ocorrido um *tilintar* um pouco antes? Depois de checar a vela de ignição e o cabo de combustível, preocupei-me ainda mais com a perspectiva de que nenhum dos defeitos habituais de simples conserto fosse a causa do enguiço. Logo depois, detectei o braço oscilante da válvula de escape quebrado, o que provavelmente não poderia ser consertado na estrada. Já desesperado, comecei a empurrar a moto ao longo da estrada plana.

Fazia não mais de 20 minutos que a empurrava, quando, para meu imenso prazer e alívio, um carro aproximou-se e parou. Depois que o motorista controlou o espanto por me imaginar contando apenas com a moto para aquela missão, ele se ofereceu para me rebocar até a cidade. Prometeu que o faria devagarzinho. Depois que fixei as mãos com duas voltas de corda em torno do guidão, das quais me soltaria rapidamente em caso de emergência, partimos em aterrorizante e vertiginosa velocidade. A simples ideia de que teria de empurrar a moto por quase 50 quilômetros me impediu de abandonar meu salvador. Contudo, para minha surpresa, ele dirigiu de modo sensato quando chegamos à Bahía Blanca, e até me levou à estação, onde peguei o trem, como planejado. Agradeci à minha sorte. Se o defeito tivesse ocorrido em algum lugar mais remoto, eu teria sido obrigado a esperar pela assistência durante dias ou teria de abandonar a moto.

Durante a longa viagem de trem até Buenos Aires, decidi que desistiria de qualquer tentativa de juntar Juan Salvado aos pinguins selvagens. O último ocorrido me fez concluir que seria absurdo confiar na moto. De todas as opções selecionadas na sala de chá da Harrods, a mais satisfatória era mantê-lo no St. George. Juan Salvado não era infeliz no colégio e, na verdade, eu me odiava quando pensava em me despedir dele. Mas tive de atravessar muitas pontes para chegar a essa conclusão.

Eu queria continuar como antes, e confiava que o próprio Juan Salvado me diria o que era melhor para ele. "Pensar no hoje sem pensar no amanhã!": esse seria nosso lema.

15
A busca por *El Dorado*
Quando encontrei o que procurava

Meu objetivo na viagem para a América do Sul era conhecer pessoas, explorar lugares e observar vidas selvagens dos quais não tinha conhecimento nem experiência. Educado nos campos férteis e arborizados de Sussex, ansiava por experimentar o ar rarefeito da poderosa e altíssima Cordilheira dos Andes, as vastas planícies vazias da Patagônia, o deserto coberto de pinheiros nevados da Terra do Fogo e o árido deserto do Atacama. Eu queria conhecer as enormes cataratas do Iguaçu, o vulcão El Misti e a civilização inca de Cuzco e Machu Picchu. Queria buscar a magia do lago Titicaca e ouvir o trovão da extraordinária geleira de Perito Moreno. Entretanto, o que mais desejava era conhecer e compreender os povos desses lugares e explorar todas as suas terras. Eu queria aprender com os habitantes, cuja língua e costumes me eram inteiramente estranhos, e observar com meus próprios olhos um pouco da flora e da fauna do continente.

Enfim, ansiava por liberdade para escapar da segurança suavemente ordenada da Inglaterra rural e assumir a responsabilidade por essa escolha. Eu queria encontrar um "caminho menos percorrido" e ver até onde isso levava. Queria experimentar alguns desafios de vida sem a segurança de uma rede protetora. Quando há sempre vacas no campo, galinhas no celeiro e jantar na mesa, onde estão o desafio e a emoção? Eu queria viajar de terceira classe durante algum tempo e descobrir o que o destino reservava para mim, ainda que fosse apenas uma oportunidade.

Claro, muitas vezes a realidade mostrou-se bem diferente de minhas expectativas e, em certos momentos, minha escolha foi duramente testada.

Na minha primeira expedição ao sul da Bolívia, na alta Cordilheira dos Andes, deixei Juan Salvado hospedado com amigos e parti para Potosí, cidade conhecida pelas minas de prata, de onde pretendia voar de volta à Argentina. Eu tinha passado a noite num modesto albergue de uma minúscula cidade não muito distante de meu destino. Após o *check-out* da manhã, retirei quase todas as notas restantes da carteira, coloquei-as no bolso e segui até uma agência para comprar as passagens da viagem de ônibus e avião. Por acaso, ocorria um desfile de Carnaval, e interrompi o trajeto para assistir. Formou-se uma grande aglutinação na praça à medida que a multidão se acotovelava para ver melhor toda aquela fanfarra e pompa do desfile. Foram inesquecíveis tanto o brilho de cores e luzes como o som das flautas e tambores naquela altitude. Até a monotonia do meu velho casaco azul pareceu assumir o brilho da plumagem de um pavão.

Algum tempo depois, me preparei para sair e, para meu horror, quando enfiei a mão no bolso, descobri que tinha sido roubado. Claro que não faria sentido algum gritar "pega ladrão!", quer em inglês quer em espanhol, pois, no meio daquela multidão, quase ninguém falava a primeira língua, e muito poucos, a segunda. Um ardiloso batedor de carteira entrara em ação, misturando-se em seguida à multidão. Faria sentido alertar a polícia local? Sem dúvida, o gatuno já estava muito longe. Rapidamente, cheguei à conclusão de que não havia nada a ser feito, a não ser aprender outra lição da maneira mais difícil.

Eu tinha perdido uns sessenta dólares, que, naturalmente, tinham muito mais poder de compra naqueles dias. E não me sobrara mais nada além de alguns trocados e as roupas que levava. Eu podia tentar pegar dinheiro no banco e depois tentar lidar com o sistema de comunicação entre o povoado e Londres ou Buenos Aires. Podia tentar obter ajuda em meu hotel barato. Mas acabei optando por confiar em mim mesmo para chegar o mais perto possível da fronteira, de onde poderia acessar minha conta bancária argentina. Isso resultou em algumas longas caminhadas, pontuadas por caronas ocasionais em caminhões caindo aos pedaços e quase sem freios que cruzavam a estrada. (Sou extremamente grato aos caminhoneiros pela assistência recebida.)

No final da tarde do primeiro dia, cheguei a um minúsculo povoado, com aproximadamente seis casas. Um oásis com população reduzida e vegetação esparsa, situado a poucos quilômetros da rota planejada, mas, segundo o motorista que me oferecera carona, era bem possível encontrar uma cama para pernoitar naquele lugar. Ele estava certo, e uma família de camponeses, cuja casa era precariamente construída, ofereceu-me comida e abrigo em troca de algumas moedas.

Era uma família de sete membros: mãe e seis filhos, três na adolescência e três mais novos (se bem que, naquela mesma noite, acabei sabendo que outros tinham morrido). O pai também tinha morrido alguns anos antes. Eles não me disseram por quê, e achei melhor não perguntar.

Suas roupas eram de confecção caseira ou de segunda mão. Os mais novos não tinham sapatos, e os dos mais velhos estavam tão destroçados ou sem nenhuma utilidade que quase perguntei por que eles se davam o trabalho de calçá-los, a menos que fosse por uma questão de orgulho. A casa era de tijolos de barro, endurecidos pelo sol, e o telhado foi feito da mesma maneira. Era composta de quatro pequenos cômodos, expandidos um a um, segundo as exigências da família, de modo que pisos e tetos não eram alinhados. Cozinhavam numa panela grande de metal que abasteciam diariamente, e, naquela noite, comemos um guisado de bode com milho, feijão e polenta. Ao pôr do sol, nos sentamos juntos num dos cômodos, aquecidos por peles e cobertores. Alguns vizinhos apareceram por simples curiosidade. E lutamos com bom humor para compreender uns aos outros.

Fiquei sabendo que a mortalidade infantil era alta. E que meus novos amigos eram essencialmente analfabetos, embora soubessem fazer contas. Mantinham-se graças à criação de cabras e galinhas e cultivavam tudo que podiam. À noite, colocavam os animais nas proximidades da casa para protegê-los das onças-pardas, grandes gatos selvagens capazes de carregar uma cabra (e uma criança pequena, eles me garantiram).

Usavam um tear rudimentar para fazer os cobertores que me deixou intrigado em relação a como operava. Isso deixou as crianças menores espantadas, pois eu sabia ler, mas não sabia tecer; obviamente, minhas prioridades estavam mal-arranjadas. Além de fumar cachimbo e mastigar folhas de coca, os homens bebiam a aguardente de cana produzida na região com velocidade um pouco mais rápida que a das mulheres. E assim rolou a noite. As crianças aninharam-se umas às outras e adormeceram, e os adultos também, quando o álcool os nocauteou mais tarde. Todos nos aconchegamos debaixo de peles e cobertores para nos protegermos do extremo frio noturno no alto platô andino. Foi definitivamente uma experiência nova para mim, dormir aconchegado a tantas pessoas estranhas. Eles demostraram uma comovente generosidade; naquela noite, compartilharam tudo que tinham, embora fosse tão pouco, com aquele viajante ainda em seus gloriosos 20 anos de idade.

Quando amanheceu, as mulheres levantaram-se antes de todos e acenderam o fogo para assar o pão do café da manhã. Os homens pareciam mais lentos, como se ainda estivessem de ressaca. Fiquei encantado quando eles me mostraram os arredores da aldeia depois do café. Era impossível não admirar os rebanhos de cabras, as plantações enfileiradas e os tecidos feitos à mão, e a nobreza de espírito dos aldeões quando discorriam sobre as próprias vidas com orgulho.

Embora grande parte das terras desejáveis do continente tivesse sido abocanhada pelos europeus em nome de suas próprias divindades e governantes, deixando apenas as regiões inóspitas para a população indígena, que sobreviveu à violência e às doenças estrangeiras, os descendentes dos nativos agarravam-se ao estilo de vida tradicional com uma independência feroz. Foi então, com genuína tristeza, que eles explicaram a mudança de vida dos tempos antigos, à medida que as gerações mais jovens procuravam trabalho nas cidades e deixavam de apoiar as aldeias nas quais tinham nascido.

Sentindo-me ao mesmo tempo humilhado e enriquecido com a experiência, e mais do que recompensado pela minha perda pecuniária, continuei a jornada.

Durante o dia, o ar rarefeito da alta Cordilheira dos Andes oferece pouca proteção contra o sol escaldante, e, durante a noite, a luz das estrelas mostra-se igualmente desimpedida. Essas cadeias de montanhas proporcionam uma visão do céu noturno inalcançável por qualquer outro lugar na Terra; por isso, muitos observatórios internacionais situam-se naquelas paragens. Acabei descobrindo que o firmamento de lá apresenta a mais perfeita negritude para o brilho da Via Láctea, como se a mão de Apolo tivesse espirrado tinta branca ao longo do céu com um pincel. As estrelas das constelações familiares perdem-se em meio aos milhões de estrelas de nossa galáxia, que se tornam visíveis. Fiquei espantado quando soube que, a olho nu, não aparecem muitas partes escuras da Via Láctea. Longe do disco principal da galáxia, outras estrelas brilham intensamente na escuridão, radiantes e fixas. Mesmo sem lua no céu, pode-se caminhar sem dificuldade ao longo das estradas e trilhas suficientemente iluminadas. Mas, sem a atmosfera, que atua como um cobertor e que, em altitudes mais baixas, obscurece grande parte do brilho e beleza do cosmos, a intensidade do frio pode ser insuportável.

Na segunda noite, não procurei abrigo. Sinto-me envergonhado em admitir agora, mas o odor das pessoas sem banho e das roupas e cobertores e peles mal curadas da noite anterior tinha sido extremamente pungente. Espero que meus anfitriões tenham sentido o mesmo a meu respeito. Uma noite a céu aberto não poderia ser pior, e achei melhor caminhar sob o céu estrelado e à luz de uma lua minguante, que aumentou de grandeza uma ou duas horas antes do amanhecer. Mas, na escuridão, senti muito frio, tão intenso que me deixou congelado e me fez entender como se pode morrer congelado. Por mais que tentasse, não conseguia me aquecer. Nessas ocasiões, correr não é a melhor opção; o ar por demais rarefeito traz rapidamente a exaustão. E, com pouco ar para se exercitar, ainda que em temperaturas extremamente frias seja difícil se exercitar, o viajante mal equipado encontra-se em perigosa situação. Quando o céu se iluminou ao leste, eu estava tão congelado que mal conseguia levar uma perna à frente da outra. Fiquei imóvel quando o sol irrompeu no horizonte, e quase instantaneamente o calor retornou ao meu rosto. Só quando o sol se levantou no céu foi que pude desfrutar de suas graças, como um lagarto em cima de uma pedra. Fiz isso.

Não foi uma experiência boa e não a repetiria de bom grado sem proteção adequada, ainda que sejam poucos os que conseguem testemunhar a majestosa imponência do universo. Pensando agora, uma noite num casebre rústico teria sido imensamente preferível. Eu nunca tinha cortejado o perigo de modo intencional e devo admitir que aquela noite ao relento, no alto da montanha, acabou sendo uma decisão imprudente, mas ao longo daqueles anos experimentei a autossuficiência e até hoje carrego a lembrança daquelas aventuras.

Ainda assim, em todas as ocasiões em que as circunstâncias não ocorriam de acordo com o planejado, surgiam outras em que não me era mais possível aprimorar o desenrolar dos acontecimentos. Afinal, minha estadia em Punta del Este tornou-se fundamental para meu profético encontro com Juan Salvado. A coincidência ocorreu no momento em que me preparava para retornar a casa, após uma estadia de três semanas maravilhosas no Paraguai, cortesia de um convite da família Williams, cujo filho Danny cursava o último ano no St. George.

Alfred Williams, pai de Danny, programara uma reunião de negócios em Buenos Aires para coincidir com o final do trimestre e depois nos levara de volta ao Paraguai em seu avião. Graças à habilidade do piloto em voo rasante, pude divisar como o curso do rio Paraguai serpenteara durante a passagem dos milênios por dezenas de quilômetros, para ambos os lados por onde passa atualmente, gerando zonas imensas, úmidas e impenetráveis, além de incontáveis meandros que brilhavam sob o sol enquanto as sobrevoávamos. Tais planícies são um paraíso para a vida selvagem. Daquela privilegiada perspectiva, avistei grandes nuvens de pássaros, enquanto alçavam o ar da selva densa, e famílias de capivaras – roedores cuja estatura pode atingir a de um porco grande –, que fugiam à medida que as perturbávamos em seus domínios aquáticos. Era difícil acreditar na minha sorte.

Após alguns dias na mansão dos William, em Assunção, capital paraguaia, pegamos um voo – eu, Alfred, Danny e Jack, amigo de escola de Danny – até o extremo sudeste do país, para conviver com os gaúchos por duas semanas no *camp* (naquele país, *campo*, terra cultivada). Chongo, o piloto, localizou o gado – manada de milhares de cabeças – enquanto sobrevoava ao longo da estância, em seguida pousou numa pista de grama ao lado da *hacienda*.

Primeiro recolhemos as provisões necessárias – milho, frutas, nutrientes para complementar a ração dos trabalhadores e alguns chocolates, um luxo raro para eles. E, duas horas depois, montamos em resistentes pôneis e partimos para encontrar a manada. Não foi um progresso rápido naquelas terras selvagens e compostas de pastagens e matagais crivados de buracos de tatu. Só no final da manhã do segundo dia é que reencontramos o gado.

Conviver com os gaúchos que trabalhavam na fazenda de gado dos William tornou-se uma tremenda experiência. A estância não era igual a uma fazenda inglesa. Pois não tinha cercas e mais parecia uma savana, com mato rasteiro e arbustos que atingiam uns dez metros. Enquanto uma fazenda inglesa é medida em centenas de acres, as estâncias sul-americanas podem ocupar centenas de quilômetros quadrados – aproximadamente 150, no caso da propriedade dos William. Ela era um pouco maior que a ilha de Wight.

Os gaúchos viviam junto ao gado e diariamente o transferiam para novas pastagens. A terra era pobre, e a busca por capim fresco, incessante. Os homens viviam montados a cavalo e demoravam semanas para pegar novos suprimentos na *hacienda*. Eram excelentes na montaria, como era de se esperar de quem vivia montado em sela desde a infância. A vida dos gaúchos fazia uma amálgama perfeita de trabalho, comida, sono e diversão, e muitas vezes sem determinar o tempo certo para essas atividades.

Ao pôr do sol, armava-se o acampamento, acendiam-se as fogueiras, preparava-se a comida, cantava-se e dormia-se sob as estrelas. A vida dos gaúchos e peões (os primeiros, boiadeiros qualificados; os segundos, trabalhadores semiqualificados) era simples e dura. Um poema épico de Martín Fierro, escrito na década de 1870, descreve um aspecto desse estilo de vida, que não tinha mudado em nada um século mais tarde.

> *Minha glória é viver livre como aves no ar;*
> *Não faço ninho em terra onde há sofrer,*
> *E ninguém me alcança quando torno a voar.*
> *Não tenho amantes com quem querelar;*
> *Como os belos pássaros que pulam nos galhos,*
> *Faço minha cama de folhas e meu cobertor é estelar.*

Os gaúchos carregavam todos os seus pertences em cavalos. Uma sela, um saco de dormir, um banquinho tripé dobrável, um *facón* (com uma lâmina de quase 0,5 metro de comprimento) sempre carregado às costas, algumas moedas, talheres e pratos de prata, uma arma e um laço, e ainda uma pequena cabaça decorada em prata, onde bebiam *mate* com canudo de metal sempre que podiam. Era mais ou menos isso.

Quando ficavam doentes, ou sobreviviam graças às habilidades dos companheiros no uso das ervas medicinais ou, então, morriam e eram enterrados pelo caminho. Para eles, não havia o apoio dos serviços de emergência.

Eles tinham o sangue dos índios guaranis e falavam um espanhol quase ininteligível para mim. Eram homens pequenos, morenos, enrugados, musculosos, desdentados e curtidos, e tão duros quanto a terra da qual extraíam a vida. Pareciam sorrir o tempo todo, se bem que, a princípio, achei isso desconcertante porque mais pareciam sorrisos maníacos.

Delimitada ao leste pelo rio Paraná, a estância não tinha estradas nem era ligada por estrada asfaltada a lugar nenhum. Tratava-se realmente de uma terra selvagem. Se alguém cometesse um crime, os próprios homens eram juiz e júri. Não havia autoridade ou lei para protegê-los dos bandidos que percorriam as fronteiras praticamente à vontade e os pilhavam do que bem quisessem, onde quer que os encontrassem... caso pudessem fugir com a pilhagem. Os gaúchos não esperavam por interferências externas e certamente não agradeceriam a quem tentasse oferecê-las; eram homens acostumados a cuidar de si mesmos. Às vezes, os ladrões de gado do outro lado da fronteira, a quem chamavam de *brasileños*, eram problemáticos, mas, segundo eles próprios, poucos desses *brasileños* tinham uma segunda chance para tentar roubar de Don Alfredo.

A dieta básica dos gaúchos era a carne. Certa ocasião, eles capturaram diversos tatus e os prepararam à noite, envolvendo-os na lama da margem do rio e rolando-os nas brasas de uma fogueira. Ao cabo de mais ou menos uma hora, quebraram as bolas de barro cozido e, por entre o vapor, apareceu uma carne clara, suculenta e quase sem ossos e cascos. Um tatu-mirim atinge uns 70 centímetros de comprimento e tem tanta carne quanto um frango grande. Mas o sabor é mais forte, como carne de porco. Deglutir um tatu assado em brasas, coberto por lama e pó de esterco de gado do Paraguai, servido em pratos de estanho, com ajuda de dedos e um *facón* afiado na pedra, trajando *bombachas* e poncho de peão, sentado na terra amornada pelo sol e encostado na almofada improvisada de pele de ovelha contra a sela, sentindo o ar repleto de mil novos odores e ouvindo guarânias enquanto a lua se erguia no céu e a fogueira se extinguia: tais foram os ingredientes da refeição mais memorável de minha vida. Muito simplesmente, cada um de meus sentidos – tato, audição, visão, paladar, olfato – zumbia e formigava com a eletricidade de sensações totalmente novas. Era para isso que eu tinha viajado à América do Sul. Naquele breve e iluminado momento, acabei por encontrar o meu *El Dorado*.

Naquela noite, adormeci debaixo de estrelas enquanto sonhava com a vida de um gaúcho. Uma vida provavelmente muito cansativa e muito limitante depois de certo tempo, mas, naquele momento, a convivência com caubóis de verdade era simplesmente um glorioso romance.

Toda noite, eu dormia como um bebê até o amanhecer e era acordado para a vida por Danny, que, com grande prazer, assumira a reversão da autoridade longe do colégio. Todo dia, ajudado por ele, eu aprendia novas habilidades. Ele era apenas cinco anos mais novo que eu e passara muitos anos com os gaúchos, aperfeiçoando seu estilo de cavalgada. O estilo dos peões era bem diferente do estilo da escola inglesa que aprendi quando menino. Não se pode descrevê-lo como suave. Cavalgada alucinada, palavrões e gosto pelo perigo eram os atributos naturais de um estilo que, até que pudesse aceitá-lo, nem os pôneis nem os peões cooperaram.

Após um tempo curto, admiti que precisava aprender a cavalgar como eles, até porque o cavalo não me deu outra escolha; simplesmente não respondia quando era tratado à maneira inglesa. Mas, uma vez que decidi isso – ou, devo dizer, uma vez que o cavalo decidiu –, seguimos razoavelmente bem.

Embora tivéssemos uma comunicação direta limitada, aqueles homens ensinaram-me a fazer o que a vida pedia. Gosto de pensar que isso aconteceu porque tentei copiar as palavras e maneiras usadas por eles e que eles me aceitaram, especialmente os mais jovens. Procurei encarar a vida pelos olhos deles, e não pelos meus; procurei aprender habilidades que eles tinham e rir do que eles riam (principalmente em relação a mim). Só assim pude observar um estilo de vida que permanecera inalterado por dois séculos, mas que, naquele momento, estava a ponto de se perder para sempre.

A excelência da habilidade gaúcha com o laço tem de ser vista para ser realmente apreciada, mas tentarei esboçar uma imagem. Chegamos a um acampamento com escassez em nosso abastecimento de carne. Alguns homens montaram em seus cavalos, deixando-me de vigia, e saíram em busca de um bovino para complementar nossas rações. Fizeram uma seleção em meio a um número assustador de bovinos soltos no pasto e depois começaram a cavalgar com desenvoltura, em círculos de pouco mais de 90 metros de diâmetro, até que identificaram a vítima. Talvez seja preciso acrescentar aqui que os gaúchos cavalgavam com grande desembaraço em pelo, mas jamais dispensavam a sela, parte crucial do equipamento, necessária não apenas para levar os poucos pertences, mas também como ferramenta de trabalho à mão.

Já com o alvo selecionado, um dos cavaleiros começou a trabalhar o laço. O laço gaúcho é feito de couro de cavalo trançado e flexível, que termina num pesado anel de metal de dez centímetros, através do qual a corda de couro corre livremente. O peso do anel ajuda a dar impulso ao laço quando o gaúcho faz os giros com uma das mãos e acima da cabeça. Faz isso ao mesmo tempo que controla as rédeas e o galope do cavalo com a outra mão.

Os cavalos dos gaúchos são mais rápidos que os bovinos. Isso permite ao cavaleiro arremessar o laço sobre a cabeça do bovino, em torno do pescoço ou dos chifres. Quando o laço se encaixa, o gaúcho amarra a extremidade da corda à sela e, habilmente, diminui o ritmo e conduz o bovino assustado até uma árvore. Em seguida, usando a árvore como um bloco de polias, puxa o bovino lentamente até que os chifres cravem contra o tronco. O animal reage com toda força, não contra o laço nem contra o gaúcho, mas contra a árvore; é aí que reside a habilidade. No momento crucial, um dos gaúchos segura as rédeas e a cabeça da sela com uma das mãos e o *facón* com a outra e, numa ação veloz, coloca-se de lado para o bovino, desliza da sela com os pés unidos e quase ao solo e corta a garganta do animal imobilizado. Ele se impulsiona de volta à sela e se afasta antes de o sangue jorrar – às vezes, o jorro atinge uma considerável distância. O gaúcho afrouxa o laço e desmonta. O bovino arfa, revira os olhos e tomba de joelhos à medida que sua vida se esvai. Por fim, o orgulhoso gaúcho se aproxima do animal moribundo e remove o laço dos chifres.

Nessa ocasião, como em todas as outras, era de se imaginar, soavam gritarias, aplausos e gestos entre os outros gaúchos e peões que felicitavam aqueles cujas habilidades acabavam de propiciar entretenimento e alimento. Em pouco tempo, a carne fresca era assada no carvão em brasa da fogueira.

Após o abate, a carne era cortada e dividida, de modo a poder ser carregada pelos peões, e a carcaça, abandonada. Uma vez, observei enquanto as partes principais de uma carcaça eram roladas até um rio, e continuei observando enquanto os clarões prateados faiscavam ao redor da carcaça num crescendo, é uma boa analogia. Logo a serena água do rio explodiu em fervilhante erupção avermelhada de prata e ouro. Alguns minutos depois, as piranhas investiram contra o esqueleto e o destroçaram, tornando a água de novo serena. Um espetáculo que certamente me dissuadiu de um mergulho indiscriminado no rio no final de um dia de viagem.

Foi com o coração pesado que deixei aquele belo e fascinante país. Isso sem fazer ideia de que era uma oportunidade orquestrada pelo destino para me colocar em Punta del Este, exatamente no mesmo instante em que certo pinguim...

Quer viajando de trem, caminhão, ônibus, motocicleta, pônei ou a cavalo, desfrutei momentos de profunda felicidade na América do Sul. Com Juan Salvado em segurança junto a amigos, parti para o extremo sul, para a Terra do Fogo, de onde segui até o sul do Chile. Fiquei uma semana inteira sem ver outra alma viva, a não ser pinguins, e sem nenhum tipo de comunicação. De dia, caminhava nas montanhas cobertas de neve e nos vales profundos, em que os solos cobertos de margaridas à altura da cintura eram tão brancos a distância que mais pareciam picos nevados. À noite, acampava nas grandes florestas de faias do sul e cozinhava parcas rações na fogueira. Só carregava comigo frutas, farinha, açúcar e manteiga para fazer panquecas. Era revigorante.

Nessa solitária viagem, acabei refletindo sobre tudo que tinha visto e ouvido, cotejando a realidade sul-americana com meus preconceitos e considerando o que era realmente importante e de valor genuíno. Como é que os homens puderam causar tanta miséria, e não apenas para nossa espécie, naquele mundo de estonteante beleza e inestimáveis maravilhas? A essência do ser humano e a natureza da amizade eram temas recorrentes de minhas divagações. Contudo, por mais interessantes ou divertidos que tivessem sido os *compañeros* conhecidos pelos caminhos da vida, e que comigo compartilharam viagens, fogueiras, panelas e barracas por um tempo, eles eram apenas sombras que passavam pela noite. Eu nunca teria aberto o coração para eles como abri para Juan Salvado, e o mesmo se aplicava a todos que o conheciam. Como é que um pinguim podia trazer tanto conforto e tranquilidade para as pessoas em cujas vidas ele tocava? Por que elas desnudavam suas próprias almas para ele naquele terraço, como se o conhecessem desde sempre, tratando-o como um amigo verdadeiro que podia ser solicitado em qualquer momento de adversidade? Seria uma peculiaridade daqueles tempos de violência e desespero ou teria sido diferente nos tempos de paz e prosperidade?

O certo é que as pessoas se sentiam mais à vontade ao se confidenciar com Juan Salvado que com os próprios companheiros. Pelo que parece, essa é simplesmente a natureza dos seres humanos junto aos pinguins.

"Como é que um pinguim podia trazer tanto conforto
e tranquilidade para as pessoas em cujas vidas ele tocava?"

16
"Posso nadar?"
Quando finalmente Juan Salvador retorna à água

Desde o primeiro dia em que cheguei com o pinguim no colégio St. George, um jovem em particular mostrou-se disposto a ajudá-lo. Chamava-se Diego Gonzales e tinha uma vida difícil e mais dura que a maioria dos outros. Era um boliviano cujo pai era descendente de europeus, e a mãe, indígena boliviana. Entre os sul-americanos, a descendência de tais uniões era tradicionalmente chamada de mestiça, termo descritivo que não era necessariamente um insulto; mesmo assim, ocasionalmente, ele era alvo de comentários maldosos dos outros garotos.

Quando chegou ao alojamento da escola, Diego era um menino acanhado de 13 anos que se assustava com a própria sombra. Ele não era academicamente talentoso, mas se esforçava muito. Seus defeitos eram sempre visíveis no ambiente competitivo do colégio. Os deveres quinzenais, nos quais os alunos eram colocados em ordem de classificação pelos resultados acadêmicos, visavam incentivar o trabalho árduo e o progresso, mas certamente não ajudavam Diego.

Infelizmente, as variadas atividades extracurriculares também não se adequavam a ele. Era um garoto franzino, cuja coordenação motora parecia estar bem abaixo da média de sua idade; ele não conseguia agarrar a bola que lhe salvaria a vida. No campo de rúgbi se mostrava fraco, frio e desprezível, mesmo nos dias mais acalorados. A camisa do time caía solta sobre seu dorso franzino, quase escondendo o short de onde se projetavam suas pernas fininhas, e as mangas eram tão compridas que apenas as pontas dos dedos apareciam. Nunca lhe passavam a bola e só o incluíam no jogo para zombar dele. Quando a bola vinha em sua direção, ele geralmente a recebia pesadamente no peito, como se tomado de surpresa, e invariavelmente se atrapalhava no passe.

A educação de Diego na infância não o tinha preparado adequadamente para a vida no colégio. Seu conhecimento da língua inglesa era limitado e seu espanhol estava estreitamente ligado ao dialeto dos *mestizos* bolivianos, o que o tornara taciturno e avesso à comunicação. Ele não aprendera a cuidar das próprias coisas e não sabia organizá-las, de modo que, geralmente, não separava as coisas certas para as aulas ou para o kit de jogos. O mais triste, porém, era a saudade que deixava transparecer. Ele não estava pronto para sair de casa, e isso o fazia sofrer. Em quase todos os sentidos, Diego era infantil para a idade que tinha.

Como qualquer outra comunidade, o colégio tinha excelentes qualidades. Além de ter um sistema pastoral bem estruturado, cada novo aluno era assistido por outro mais antigo, que se responsabilizava por esse encargo nas duas ou três primeiras semanas. Esses alunos "antigos" eram supervisionados pelo sistema departamental, que, por sua vez, era supervisionado pelos funcionários encarregados do alojamento, cientes das dificuldades de Diego. É preciso ressaltar que a esmagadora maioria dos meninos florescia no colégio; eles gostavam daquele tipo de vida e faziam amizades fortes e duradouras. Na verdade, Diego era apenas o pior caso de um peixe fora d'água.

Por isso mesmo, não surpreendeu quando Diego se afeiçoou a Juan Salvado, a ponto de passar grande parte do tempo com ele. No terraço, Diego estava fora do alcance dos outros garotos do colégio e podia relaxar. Isso, no entanto, não quer dizer que não tivesse amigos, embora fossem meninos que também passavam por problemas semelhantes de adaptação ao *ethos* da escola. Os que não se adaptavam ao excesso diário do rúgbi eram chamados de "irmãos fracotes".

A responsabilidade pelos cuidados de Juan Salvado fazia bem para aqueles meninos. Levavam a sério a tarefa de comprar sardinhas no mercado, de limpar o terraço e de fazer companhia a Juan Salvado. O que mais me agradava era ver que realmente se sentiam felizes em participar disso tudo. Eram meninos com um cotidiano marcado de ansiedade e tristeza, e era um alívio observá-los enquanto curtiam o pinguim sem as restrições das salas de aula, das hierarquias sociais e das preocupações em relação às famílias distantes.

A educação no St. George tinha outras características inovadoras além da presença daquele pinguim no terraço de um dos professores assistentes. A piscina, por exemplo, era desprovida de sistemas de filtragem e de cloro, deficiência compensada por seu esvaziamento a cada 15 dias, ocasião na qual a água apresentava uma coloração verde-opaco, muitas vezes trazendo à superfície uma grande colônia de sapos. Talvez os leitores de hoje fiquem horrorizados ao pensar nisso, mas, naquele tempo, os alunos se banhavam habitualmente, sem efeitos adversos, nas águas mornas, viscosas e pantanosas dos rios, curtindo a profusa vida selvagem que serpenteava pela terra natal. Hoje em dia, muitos acreditam erroneamente que são águas "poluídas" simplesmente porque apresentam uma cor caramelada. Seja como for, naquele tempo, as águas turvas da piscina do St. George não recebiam comentários mais severos.

Quando a temperatura em Buenos Aires se elevava, a piscina do colégio era drenada do conteúdo estagnado de inverno e, depois de esfregada e limpa, era enchida novamente com água bombeada dos próprios poços alimentados por veios subterrâneos profundos. Esse ciclo de limpeza da piscina se estendia – a cada duas semanas – até o final da estação.

Claro que me ocorrera deixar Juan Salvado solto na piscina quando ele chegou ao colégio, mas eram meses de inverno, e a água não estava boa. Eu esperava que a piscina estivesse em atividade quando suas penas retomassem a impermeabilidade.

A natação geralmente entusiasmava a maioria dos garotos, mas, tal como o tênis e a *paleta* (versão argentina do *squash*, jogado em quadra ao ar livre), não era vista como um grande esporte – sobretudo porque não era rúgbi. De todo modo, a natação era bastante apreciada como recreação nas noites de verão e após o estudo para as provas, ocasião em que a água estava limpa, e o tempo, quente.

Naquele ano, a temporada ainda não estava aberta, de modo que, no final da primeira quinzena de limpeza, a água não estava convidativa. Isso não significava que estivesse particularmente esverdeada, pois as linhas pintadas no fundo da piscina continuavam visíveis. Naquela noite, apenas um pequeno número de garotos intrépidos quis nadar, e, passados 20 minutos, mesmo os mais resistentes tinham saído da água e retornado ao alojamento para uma ducha quente.

Assim que os nadadores saíram, acenei para que Diego e dois outros que exercitavam Juan Salvado nos campos recreativos próximos o levassem até a piscina para que víssemos se ele conseguiria nadar.

Eu tinha esperado por aquela noite, prevista para a rotineira manutenção da piscina, para poder lidar com alguns receios remanescentes e deixar Juan Salvado utilizá-la. Ninguém se oporia se ele sujasse a água antes de ser drenada e, se ele se recusasse a sair quando instado a isso, certamente o faria quando esvaziassem a piscina.

Fazia muitos meses que Juan Salvado estava no colégio e, durante todo aquele tempo, ainda não tinha nadado livremente. As penas manchadas de cinza da barriga estavam mais brancas, e ele parecia em forma para um pinguim, e achei então que aquela era a oportunidade esperada.

Juan Salvado conhecia muitos recantos do colégio, mas não conhecia o espaço da piscina. Diego o colocou a meu lado, e caminhei até a beira da piscina, com ele atrás de mim. Ele observou a água, aparentemente sem compreender o que observava.

– *Vá em frente!* – falei e imitei o gesto de mergulho e de natação. Ele olhou para mim e depois para a água. – *Está tudo bem, pode nadar!* – Curvei-me e espirrei água nele.

Juan Salvado olhou em meus olhos, como se perguntando:

– *Ah! Então é daí que vem o peixe?*

Depois, sem precisar de outro incentivo, mergulhou da borda. Com um simples bater de asas, disparou como a flecha de um arco, até colidir de cabeça na parede do lado oposto da piscina. Foi um impacto evidente. Os garotos que observavam soltaram um gemido e prenderam a respiração. Juan Salvado subiu à superfície atordoado e cuspindo. Esfregou a cabeça com as asas. Cheguei a achar que tinha quebrado o pescoço, mas, passado um tempo, ele deu a vigorosa sacudida típica dos pinguins e mergulhou novamente.

Só então pude estudar um pinguim na água mais de perto. Já estava familiarizado com o progresso bípede desajeitado e divertido de Juan Salvado em terra firme, mas agora o observava admirado. Com as pernas e os pés batendo atrás, nadava com as asas. Com um ou dois impulsos, voava em grande velocidade de uma extremidade da piscina à outra, executando curvas impressionantes antes de tocá-las. Que bravo desempenho de acrobacias aquáticas, uma lição de mestre, quando ele chegava nos lados da piscina, distante por um fio de cabelo, sem nem sequer roçá-los e sem sofrer outro impacto! Utilizando o total da piscina de 25 metros, fazia alguns volteios e pulava fora d'água. Em seguida, mergulhava de costas até o fundo e nadava velozmente de um lado a outro antes de retomar os rodopios. Só posso comparar esse domínio absoluto do espaço tridimensional ao de um pássaro em voo, embora essa inteligência espacial também possa ser comparada à velocidade de um exímio patinador de gelo. Ficou claro naquele momento que os músculos das asas de Juan Salvado, inativos por muito tempo, lhe eram extremamente necessários. Ele finalmente encontrava um pouco de liberdade para expressar sua verdadeira natureza, sua independência e para mostrar o que realmente era, um pinguim.

Talvez a alegria de voar descrita por Fernão Capelo Gaivota seja o que mais se aproxime da óbvia exuberância apresentada por Juan Salvado naquela noite. Todos que assistiam ficaram encantados. Se comparássemos a exibição de Juan Salvado à de um ginasta de solo, a do ginasta pareceria pesada como chumbo e bidimensional.

O puro prazer que o pinguim extraía do controle total da água contagiava os espectadores. Juan Salvado voava na água com muito mais rapidez que o mais rápido nadador olímpico – em dois segundos, percorria uma distância que um ser humano levaria 15 vezes mais tempo para percorrer. Alternava demonstrações submersas com intervalos de nado à superfície, supervisionando as próprias penas e mergulhando outra vez.

Na superfície, os pinguins nadam como os patos, impulsionados pelos pés. Nadam com competência, mas sem elegância – na verdade, uma visão pouco inspiradora. Mas, debaixo d'água, eles mostram um perfeito domínio de suas habilidades, um domínio de apaixonar qualquer plateia.

Diego e os outros garotos estavam tão enfeitiçados quanto eu.

– Olhem só como ele vai! – gritavam. – Ooooh! Ahhh! – murmuravam, como se frente a um espetáculo de fogos de artifício.

Algum tempo depois, Diego aproximou-se e perguntou baixinho para mim:

– Dá para eu nadar com ele também?

– O quê? É mais certo "posso nadar". – Eu o corrigi.

– *Sí*. Posso nadar? Oh, por favor! Só cinco minutos.

Fiquei espantado. Ele nunca tinha se aproximado da piscina, e eu nem sequer sabia se ele sabia nadar. Aliás, eu nem sequer sabia se Diego desejava verdadeiramente fazer algo, além de buscar a companhia de Juan Salvado e evitar o resto da escola.

– Você sabe nadar? – perguntei.

– *Sí*, por isso estou pedindo. – Ele pareceu confuso. – Oh, sim, por favor, dá para nadar, dá para nadar? – implorou.

Se as complexidades da língua inglesa o deixavam frustrado, era melhor que a lição esperasse. Pois Diego finalmente mostrava interesse por algo.

– Mas a água está fria e verde, e já está ficando tarde. Tem certeza de que quer nadar?

– Por favor!

– Tudo bem, então – concordei. – Mas seja rápido.

Eu nunca o tinha visto tão animado. Seus olhos brilharam e, pela primeira vez desde que o conhecera, ele se mostrou realmente vivo. Saiu correndo até o alojamento, vestiu a roupa de banho e reapareceu em poucos minutos. Sem hesitar e sem pedir uma última permissão, mergulhou na gelada água esverdeada. Fiquei preparado para mergulhar e resgatá-lo, se não soubesse nadar, pois suspeitava que ele poderia afundar como uma pedra.

Acontece que, naquele final de tarde, me surpreendi pela segunda vez. Além de saber nadar, Diego o fazia magistralmente. Saiu nadando em direção a Juan Salvado com tanta elegância que o emparelhamento de ambos não parecia nada ridículo, embora certamente parecesse com qualquer outra pessoa. Enquanto Diego nadava, Juan Salvado o circulava com um traçado em espiral. Nadavam em uníssono, como se tivessem sincronizado os movimentos. Eu nunca tinha visto tamanha interação entre duas espécies diferentes. O espetáculo coreográfico destacava igualmente as habilidades de ambos, como nos duetos escritos para violino e piano. Sem protagonista e sem coadjuvante. Às vezes, Juan Salvado assumia a liderança, e Diego seguia nadando mais atrás. Juan Salvado o deixava se aproximar e logo disparava novamente. Outras vezes, Diego parecia liderar, e o pinguim o rodeava com um traçado em oito, como se a girar um casulo ou a tecer um feitiço. Ocasionalmente, nadavam tão próximos um do outro que quase se tocavam. Foi um sublime *pas de deux* que me deixou em transe. Nenhuma palavra pode descrever a magia que, naquela noite, se fez no ar e na água, operando em diferentes níveis.

Fiquei me perguntando se Juan Salvado sairia cedo da piscina, pois estava claro que não o faria a não ser por vontade própria, embora Diego também estivesse nadando, e essa preocupação era imanente em minha cabeça.

Diego manteve a palavra. Sem que eu precisasse dizer nada, alguns minutos depois ele nadou até a borda com um movimento gracioso, pulou fora da piscina e, de pé na borda, deixou a água escorrer do cabelo pelos ombros até o piso. Em seguida, Juan Salvado deslizou pela água e chegou como um torpedo. Com um movimento veloz de asas, disparou fora d'água e pousou de barriga aos meus pés. Todos caímos na risada.

– *Pronto, é assim que se faz. Por Deus, como eu precisava nadar! Mas você está errado sobre os peixes; procurei em tudo quanto é canto e não encontrei nenhum!*

Fiquei quase sem palavras. Acabara de testemunhar uma exibição acrobática (ou seria melhor dizer *aquabática?*) nunca vista antes em minha vida. Tanto por mérito técnico como artístico, ele teria obtido a nota máxima de qualquer juiz, mas isso não era tudo. Ainda de pé, à beira da piscina, observando o pinguim e mastigando uma pontinha da toalha, estava um jovem que certamente poderia vencer qualquer competição de natação no colégio. Era simplesmente uma revelação. Ele não era mais aquele carinha triste de antes, mas um garoto com um talento especial, como muitos outros, e até então ninguém no colégio tinha percebido isso.

– Diego! Você pode nadar.

– *Sí*, eu posso nadar, muito obrigado.

– Não, o que estou dizendo é que você é capaz de nadar muito bem... aliás, de maneira brilhante.

– Acha mesmo? – ele perguntou, sem olhar diretamente para mim, mas o suficiente para deixar entrever o primeiro lampejo de um sorriso. Pensei que era o primeiro que esboçava nos lábios desde que deixara a Bolívia.

– Onde aprendeu a nadar? Quem lhe ensinou?

Diego observava o pinguim. Olhei na mesma direção e Juan Salvado estava ajeitando as penas com o bico, como se não tivesse acontecido absolutamente nada de incomum. Foi com enorme prazer que também percebi que ele estava tão seco quanto um deserto. Finalmente, a impermeabilização do pinguim estava restaurada.

Curiosamente, os outros meninos só tinham olhos para ele, aparentemente sem reparar em algo especial a respeito de Diego. Só estavam absorvidos em comentar que o pinguim nadava bem melhor que Diego.

Ao voltarmos para o alojamento da escola, Diego me confidenciou que aprendera a nadar com o pai no rio próximo à casa da família, embora nunca tivesse nadado em competições. Falou abertamente e sem reservas sobre outros aspectos que lhe agradavam em sua casa, na Bolívia. Foi a primeira vez que o vi tão aberto e disposto a falar de si mesmo, de sua vida e de sua casa. Era como se outro garoto estivesse à minha frente, totalmente diferente. Ouvi em silêncio, sem fazer correções no inglês, enquanto ele falava sem parar durante o caminho de volta ao alojamento.

Algum tempo depois, ao atravessar o alojamento, procurei Richard, o supervisor, e comentei que Diego talvez pudesse surpreender. Disse isso sem mais explicações. Era melhor aguardar. O supervisor pareceu encantado ao ouvir que havia sinais de esperança.

– Poxa, espero que você esteja certo – disse.

Segui até meus aposentos, peguei um copo e uma garrafa de vinho e saí para sentar-me no terraço com Juan Salvado. A escuridão caía rapidamente, como de costume naquelas latitudes, e as estrelas apareciam no céu. As estrelas rotativas do Cruzeiro do Sul abrem caminho para as estações da mesma forma como as sete estrelas do Grande Carro no hemisfério norte quando giram em torno da solitária Estrela Polar.

Eu sempre mantinha algumas sardinhas de reserva e as ofereci para Juan Salvado, uma de cada vez. Ele as engoliu avidamente após o esforço feito naquela noite e depois se acomodou para dormir aos meus pés. Sentei-me perto do parapeito, com a vista do campo tomado pela penumbra. O canto das cigarras nos grandes pés de eucalipto mascarava todos os outros sons. Servi o copo de vinho a mim mesmo, como se numa libação em agradecimento aos deuses pertinentes ao momento e sorvi um gole em saudação.

— Eu devia escrever um livro sobre você.
Juan Salvado olhou para cima.
— *Por quê?*
— Acho que muita gente gostaria de conhecê-lo — respondi.
— *Será? Sério? Como o chamaria?*
— Hum... *A noite encantada de Juan Salvado*, que tal?
Juan Salvado balançou a cabeça, e um tremor percorreu-lhe o corpo até a cauda enquanto ele se ajeitava para dormir com a cabeça sobre meu pé. Servi um segundo copo de vinho a mim mesmo.

Os acontecimentos daquela noite representavam um daqueles extraordinários e férteis momentos que fazem o ensino valer a pena. Eu tinha presenciado uma espécie de cerimônia de iniciação, ou talvez até um primitivo rito de passagem. Embora tais eventos tenham uma qualidade que pode ser descrita como um batismo ou um *bar mitzvá,* aquele evento em especial tinha sido mais íntimo e corporal, mais original e fundamental; ocorrera uma verdadeira mudança, e não apenas uma alegoria. Tratava-se de um encantamento, isso pelo quase transe que depois me fez questionar o que eu realmente tinha presenciado. Uma criança que mergulhara para nadar com um pinguim e que emergira da água como um rapaz. Ocorrera um renascimento, um novo começo. Um patinho feio se tornara um cisne; uma lagarta se metamorfoseara em borboleta; um peixe encontrara seu próprio caminho na água. O mais surpreendente é que talvez o menino ainda nem tivesse percebido que, naquela noite, estava à beira de uma mudança radical (assim como o patinho feio não sabia que se tornaria um cisne). Eu tinha testemunhado e reconhecido o significado de algo especial, embora não conseguisse explicá-lo. Diego amadurecera alguns anos em alguns minutos, e Juan Salvador, o extraordinário pinguim, tinha algo a ver com isso.

Naquela mesma noite, encontrei-me com Danny, companheiro gaúcho e chefe do alojamento. Era um rapaz alegre, de 18 anos, bom no rúgbi e ruim na sala de aula, mas que dava tudo de si no que fazia e era querido e respeitado por todos. Ele estava estudando com seu vice, Jack, o garoto estudioso e sério que se juntara a nós no Paraguai e que pensava profundamente a respeito da vida, mas falava pouco.

Indaguei sobre nossas chances de ganhar o torneio de rúgbi entre os alojamentos daquele ano, e Danny respondeu que seria uma competição equilibrada. Os outros alojamentos também tinham alguns jogadores muito bons e de todos os níveis.

Também havia competições de outros esportes menores (ou seja, qualquer outro esporte além do rúgbi), e os resultados de todos os alojamentos eram acrescentados ao quadro de competições para a decisão do prêmio anual de Esportes entre Alojamentos.

Falei para Danny que já era hora de iniciar os preparativos para a seleção da equipe de natação, pois a piscina estava aberta e não havia tempo a perder. Acrescentei que ele não podia se esquecer de incluir Gonzales nos treinos. Ele começou a discutir, mas argumentei que tínhamos a responsabilidade de continuar tentando envolvê-lo nas atividades do alojamento. Frisei que, como líder, caberia somente a ele selecionar a equipe e, prometi, sem minha interferência.

Limparam e encheram novamente a piscina na noite do dia seguinte. Danny e os outros líderes organizaram algumas competições. Decidi que não estaria presente.

Logo após o regresso dos garotos da piscina, o líder, quase sem fôlego, e seu vice bateram à minha porta.

– Entrem.

– Não consigo acreditar! Ninguém acreditaria – disse Danny, de chofre. Após uma breve pausa, acrescentou: – Mas você sabia o que ia acontecer, não sabia? Como soube? Por que não nos contou?

– Devagar, devagar. Não faço ideia do que está falando – menti. – Você não consegue acreditar em quê? Pelo seu entusiasmo, só posso imaginar que ganhou na loteria. Sente-se, por favor, e me conte o que aconteceu, desde o início.

Danny e Jack puxaram as cadeiras e Jack entregou-me um pedaço de papel, com os nomes e os tempos registrados à beira da piscina.

Sem mais provocar os garotos, ouvi em silêncio enquanto narravam entusiasmados.

– Bem, requisitamos voluntários para as eliminatórias de natação, como você sugeriu, e marcamos alguns tempos. Só uma volta, mas aquele colega, o Gonzales, simplesmente superou todo mundo! Se houvesse cronometragem oficial, ele teria quebrado todos os recordes de natação do colégio. Ainda não consigo acreditar no que vi.

Danny tinha dito "aquele colega, o Gonzales". Nada me deixaria mais satisfeito. Reabilitação alcançada. Um dia antes, ele teria dito "aquele babaca, o Gonzales", ou algo pior, mas, naquele momento, Diego era elevado a "aquele colega". Eu tinha então a confirmação de que Danny e Jack eram jovens decentes. Eles não eram movidos a preconceitos contra Diego, e sim por uma regra simples: a vida é o que se faz dela. Esse era o mantra incutido em ambos desde pequenos pelos pais e pelo colégio que os educava. Até então, eles ainda não tinham visto Diego fazer nenhum esforço para melhorar a própria sorte. E o lema do colégio era *vestigia nulla retrorsum*, o que se pode traduzir por "não há passos para trás". Isso não haveria mais.

– Não foi um acaso qualquer. – Jack tomou a palavra. – Ele poderá repetir cada vez que tentar... nós o escalamos. Ele fez aquilo parecer tão fácil!

– E ele também é capaz de nadar todos os estilos – disse Danny. – Você precisava vê-lo no nado borboleta. Ele quase se mantém fora d'água. Nada muito melhor que eu – acrescentou desapegado. – Ele consegue nadar mais rápido que qualquer outro. Como você sabia? Por que não nos contou isso antes? Você sabia, não sabia? Foi por isso que não quis discutir o assunto até que eu tivesse selecionado uma equipe por "mérito"?

Esperei que extravasassem todo o entusiasmo.

– Danny, a resposta à sua pergunta é Juan Salvado, aquele pinguim notável que está dormindo no terraço enquanto conversamos. – Em seguida, relatei o ocorrido da noite em que Diego nadou com o pinguim.

Sem dúvida alguma, esse tinha sido o ponto de virada, como se Diego tivesse crescido oito centímetros durante a noite e se mostrado irreconhecível pela manhã. Até as roupas pareciam lhe caber melhor. Ele ganhara o respeito de seus pares. Nas semanas seguintes, progrediu nas tarefas acadêmicas quinzenais e tornou-se um membro popular do alojamento. Sucesso gera sucesso. E quando, finalmente, abriu-se a temporada de gala de natação, os resultados foram como o previsto. Ele ganhou todas as disputas para as quais o escalaram e quebrou todos os recordes do colégio. Os gritos de encorajamento da torcida eram genuínos, inclusive os dos garotos dos alojamentos rivais.

Foi por um triz que nosso alojamento não ganhou a taça do torneio entre os alojamentos daquele ano; no entanto, com o resultado dos pontos obtidos na temporada de gala de natação, abiscoitamos o mais prestigiado escudo esportivo. Diego tornou-se um herói, e todos queriam ser amigos dele. Com o tempo, ele bateu quase todos os recordes de natação do colégio. E, ainda por cima, aprimorou-se no rúgbi, a ponto de integrar a equipe do colégio, e passou em todos os exames com notas excelentes.

E nunca mais perguntou: "Posso nadar?".

17
E todos viveram felizes...
Receio que este não seja um conto de fadas

Animais de estimação não cabem na vida de um "intrépido explorador". Exigem muita responsabilidade. Mas o destino arquitetara um encontro entre o meu "caminho pouco percorrido" e o de um pinguim, e fico feliz por nossos caminhos terem se cruzado. Eu não mudaria nada, a não ser um detalhe crucial que me incomoda desde então. Uma ferida que corrói, um íncubo que paira sobre a história sempre repetida de Juan Salvador e que zomba de mim quando a conto na versão infantil.

Apaixonei-me perdidamente por aquele pinguim. Fui para a América do Sul em busca do exótico, do raro e de algo sobre mim, e acabei encontrando as três coisas em abundância. Eu gostava de caminhar com Juan Salvado nos terrenos do colégio e de papear com ele quando a agitação e a luz do dia diminuíam; sentava-me no terraço sob as estrelas, com um copo de vinho e uma provisão de sardinhas. Ninguém resistiria às saudações daquele pinguim a cada manhã e a cada noite.

Nosso dia a dia era amplamente dominado pela rotina. Juan Salvado era um pinguim exigente. Ao amanhecer, fazia uma série de preparativos que lhe garantiam o papel de estrela absoluta do dia. Cada pena era cuidada de modo a estar em ordem, asseada e sem danos. Hercule Poirot, o mais janota dos homenzinhos, não era mais atento à aparência que Juan Salvado. Grande parte da operação era realizada com aquele bico desenvolto e delicado. As penas que não eram alcançadas com o bico eram atingidas com os dedos dos pés, dos quais ele também se valia para coçar a orelha concentrado quando recebia uma pergunta particularmente desafiadora. E assim ele vivia no colégio, em meio a ciclos de sardinhas e natações, exames de penas e mimos de muitos fãs.

Quando as férias se aproximavam, acenando novas aventuras, Luke, um colega, se oferecia para cuidar de Juan Salvado em sua casa nas redondezas. Luke era casado e tinha um filhinho, de modo que, às vezes, o pinguim passava as férias com os dois, e, outras vezes, com Maria, quando me distanciava do colégio. Era um excelente arranjo que me permitia viajar seguro e confiante, porque Juan Salvado estaria feliz e recebendo atenção e companhia suficientes. Ele ficava feliz e eu ficava livre para outras aventuras. Juan Salvado nunca pareceu incomodado com o calor do verão de Buenos Aires. Ele saía de casa para caminhar na relva, aproveitava a sombra das árvores enquanto curtia a brisa refrescante que vinha do rio, mergulhava na bacia de estanho e, em certas ocasiões, nadava com ou sem os estudantes na piscina da escola.

Era fácil cuidar de Juan Salvado e conciliar esses cuidados com a rotina do colégio, em grande parte devido ao apoio entusiástico dos alunos durante o período letivo e à assistência de Luke e Maria durante as férias. Ocasionalmente, o dia amanhecia com a perspectiva de algum evento memorável, mas quase sempre eram dias comuns; simplesmente transcorriam, obedecendo ao mesmo padrão. Juan Salvado era então rotineiro, assim como também se esperava dos alunos de um colégio interno.

Uma manhã em particular nunca mais saiu de minha cabeça. Eu já sabia o que tinha acontecido antes mesmo de Luke abrir a boca. Estava estampado nos olhos dele.

Depois de uma estadia com amigos no sul da província, deixando Juan Salvado na casa de Luke, retornei de madrugada e não pude pegá-lo na casa do colega. Após uma curta noite de sono, saí para apanhar a correspondência e nos encontramos nesse meio-tempo.

– Sinto muito – disse Luke.

Cerrei os dentes e esperei com o coração martelando no peito.

– Ele estava bem, durante o tempo todo em que você esteve fora, mas dois dias atrás se recusou a se alimentar. A princípio, isso não me preocupou, porque estava fazendo muito calor... – A voz dele embargou. – Eu o enterrei no jardim, nesse mesmo dia. Foi preciso... estava muito quente e eu não sabia quando você ia voltar. Não pude esperar. Sinto muito.

Balancei a cabeça de cara amarrada, como um bom inglês cauteloso em demonstrar emoção, sobretudo porque tinha sido educado para ser o mais realista possível quanto ao destino dos animais, mas fiquei devastado por dentro.

– Obrigado por tudo que fez. Sei que você fez tudo que podia. – Só consegui dizer isso enquanto desesperadamente tentava me manter de pé. Era o pior final possível que podia acontecer. Morte inesperada, sem que eu estivesse presente.

Saí para ter um tempo sozinho e para pensar. Fiz o caminho mais longo de volta ao alojamento do colégio, seguindo o perímetro dos campos de rúgbi para não me encontrar com colegas.

Exausto, subi as escadas e, pela porta, olhei por sobre o terraço em direção ao rio.

Sempre que me aproximava do terraço, soava uma reveladora batida de pés que corriam animadamente para cima e para baixo, acompanhados por gritos ocasionais. Eram sons que faziam parte de minha vida no colégio, tanto quanto os sinos que marcavam a mudança dos acontecimentos diários. E, de repente, só havia um terrível silêncio. Sem mais os meninos que batiam à minha porta para pegar sardinhas e sem mais os risos de alegria que Juan Salvador trazia para tanta gente.

Só pude vislumbrar um ovo. Um ovo distante numa costa rochosa varrida pelo vento. De repente, o ovo inclinou, rachou e emergiu o biquinho de um minúsculo pinguim em busca de ar. Sob os olhos dos pais, uma cabecinha pendeu úmida pela rachadura enquanto lutava trêmula para sair do ovo. Já com o filhote alimentado, a cena mudou, e o pequeno Juan Salvado apareceu cheio de vida atrás dos adultos que seguiam até um mar que quebrava e esparramava espuma ao redor das rochas, estendendo-se até a praia, por entre seixos e pedras, e depois retrocedendo. Ele parecia muito pequenino para mergulhar naquela implacável e impiedosa maré. Depois de hesitar duas ou três vezes, saiu correndo atrás dos pais até a água e deu as primeiras braçadas de sua vida, com aquelas asas notáveis e afinadas à perfeição ao longo da evolução de um milhão de antepassados. À medida que as ondas se fechavam em sua cabeça, seus jovens músculos instintivamente o faziam avançar pelas águas turvas e emergir novamente, bem distante das perigosas rochas. Ele boiava na superfície e rolava de lado a lado, lavando o flanco superior com a asa. E, com os pés, riscava e examinava os flancos e a cabeça, e, com o bico, cuidava das penas do peito e das costas, sem se perturbar com as turbulentas águas que o empurravam e o arrastavam.

Em seguida, o avistei muito, muito distante de terra firme, no mar aberto, em meio a gigantescas ondas que quebravam sob nuvens de tempestade. Naquele imenso mar, cobertos por flocos de espuma espalhados pelo vento, impulsionados para frente pelos gritos furiosos do vendaval, Juan Salvado e milhares de outros pinguins emergiam para respirar e depois submergiam nas ondas mais tranquilas em busca de sardinhas. Ele nadava sem se abalar com a maré alta em função daquela violenta tempestade. Com as asas estendidas para manter o equilíbrio, surfava à frente de uma gigantesca onda e submergia pouco antes de a crista se elevar e quebrar, liberando toda a fúria reprimida enquanto ele escapava da destruição. Juan Salvado era o próprio espírito do mar, a própria essência da força vital do mar, destilando o domínio marinho e, portanto, invulnerável ao turbilhão que assolava os arredores. Imune às inúmeras combinações de vento e água, ele naturalmente era o pináculo da arte da Criação; ali ele estava em seu ambiente e era feliz.

E o avistei novamente de volta à terra, intimamente ligado à companheira e aos primeiros ovos desejados por ele. O primeiro rachou enquanto ele o observava. Reconheci seu olhar. A cena então mudou. Estonteante, cintilante, a luz solar doadora de vida escorria pelas águas mornas em verde-esmeralda. Mas depois irrompeu a imundície de insidiosos tufos de óleo amarronzados e sufocantes. Filamentos pérfidos e desbotados. Tentáculos que se multiplicavam e se erguiam e abafavam o sol e queimavam e cegavam e engolfavam e engoliam e sufocavam e destruíam as aves. Monstros atrozes gerados na putrefação de antigas eras tinham cruzado os domínios de Hades e adormecido em masmorras subterrâneas, até que os seres humanos os despertaram e os liberaram para o mais terrível dos furacões, deixando as aves indefesas contra essa grotesca monstruosidade. Aterrorizadas, perdidas, presas, desesperadas e condenadas, elas se confrontavam com uma indizível e incompreensível morte. Eventualmente, marés e correntes arrastavam-nas para a terra.

Foi quando o avistei na praia, num bidê, num saco; e depois, num ônibus, numa banheira. E também na piscina, no terraço e comendo sardinhas com Maria. Senti suas penas endurecidas em meus dedos enquanto ele pressionava seu corpo quente contra minha mão. Sua cabeça apoiou-se em meu pé. E ele olhou para mim novamente, com o inimitável tremor de cabeça dos pinguins que se estendeu pelo corpo a baixo até o rabinho, enquanto se acomodava em meu corpo para repousar.

Mas o Espírito dos Mares partiu, e minha cabeça explodiu como uma bolha, fazendo-me sussurrar com a visão embaçada e a respiração presa na garganta: *"Amo você, passarinho. Nunca me esquecerei de você enquanto viver. Junte-se outra vez à sua companheira e à sua família para nunca mais se separarem."*

Será que teria sido melhor se o tivesse deixado sozinho naquele dia em Punta del Este? Será que teria sido melhor tê-lo deixado com sua própria espécie, de modo que a natureza pudesse consumar um ato praticado inadvertidamente pelos seres humanos? Será que teria sido melhor se o tivesse deixado naquele lugar e seguido viagem em busca de minha própria aventura? Que bem isso teria feito? Que diferença faria se não tivesse notado que ele estava vivo, se apenas tivesse continuado a caminhada ao longo da praia? Será que teria valido a pena me sentir tão infeliz na despedida, como se o tivesse negligenciado no final? Ele tinha atravessado o rio Estige, e a conta do barqueiro estava pendente. Fechou-se a porta, negando-me a oportunidade de pagar uma dívida que precisava pagar. É complicada essa tensão entre o coração e a cabeça dos seres humanos, ainda mais quando as emoções são inteiramente irracionais, mas talvez seja precisamente para reconciliar tais conflitos que fazemos exéquias solenes. Uma necessidade a qual não satisfiz naquele momento.

Embora esmagadoramente consciente do privilégio de ter conhecido e amado aquele notável pinguim, o sentimento de perda tornou-se quase insuportável; a dor da separação é o pedágio cobrado pelo destino por toda a alegria que nossos entes queridos nos trazem. Fiquei inconsolável. Ele tinha se recuperado tão bem e parecia tão feliz! "Que tolo sentimental você é", pensei, "ele era só um pinguim". Mas que pinguim!

E, dessa maneira, não disse adeus a Juan Salvado. *"Hasta la vista, meu amigo. Até que nos encontremos de novo, meu amigo."* Mas de uma coisa me arrependo desde então, um particularíssimo capítulo que não pude fechar.

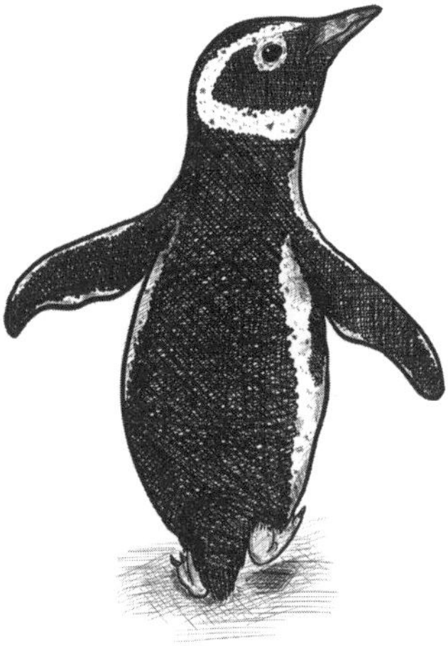

18
Reflexões de Afar
Quando penso no legado de Juan Salvador

Por que aquele pinguim significou tanto para mim? Isso é fácil de explicar, pelo menos. Qualquer um que se mude de repente para longe da família, dos amigos e dos amados animais de estimação sente um vazio devastador. É inevitável, por melhores que sejam as compensações. A natureza abomina o vácuo, e, nesse espaço, Juan Salvado se apressou em entrar. No começo ocupou o vazio, depois o preencheu e o dominou. O espaço não era grande o bastante para ele, então o esticou, o expandiu além da medida. Mas não penso nisso, simplesmente aconteceu, e depois ele se foi.

Claro, a vida continua com nova família, novos amigos e novos animais de estimação que disputam uma posição em nossos corações, mas a vaga deixada pelos antigos ocupantes nunca é preenchida. Mantemos os entes queridos vivos por meio de nossas lembranças, nossas conversas e nossas histórias, mas sem necessariamente revelar o quanto realmente eles significaram. Pois não temos como fazer isso. Qualquer um que tenha perdido um animal de estimação sabe disso. Não fui menos apaixonado por qualquer outro de nossos cães. Em seu poema "O poder do cão", Kipling nos previne para ter cuidado em "dar nosso coração para um cão rasgar".

> *Nossos amores não dados, emprestados,*
> *Vêm a juros altos de mercado.*
> *Embora nem sempre, acredito,*
> *Mas quando longos, tal é a dor do perdido;*
> *Pois dívidas pagas, certas ou erradas,*
> *São ruins, não importa como acordadas.*
> *Por qual razão, céus (e antes de lá estar),*
> *Devemos dar o coração para um cão rasgar?*

Em comparação ao tempo de vida de um cachorro, o período passado com Juan Salvado acabou sendo um "empréstimo de curto prazo", mas nosso relacionamento teve o mesmo impacto, se não maior, por conta do momento especial de minha vida, quando nossos caminhos se cruzaram. Será que o resgatei da praia contra a vontade dele? Fui apenas um inglês do campo que, na impetuosidade dos meus 23 anos, não medi as consequências de minhas ações para além da necessidade imediata de salvar a vida de um pinguim. Eu estava na confortável posição de me dar o luxo de ajudar um passageiro, embora às vezes me pergunte se ele era mesmo um passageiro. Salvado ou Salvador? Cada um à sua maneira, ambos eram nomes pertinentes. Afinal, não foi possível decidir quem adotou quem quando o escolheram como mascote do time, ou quem se beneficiou mais na relação entre ele e Diego.

Como companheiro de viagem, Juan Salvado era exigente. Precisava ser alimentado e hidratado, fazer exercícios e ser entretido, mas os muitos ajudantes do colégio tornavam minha carga mais leve. Ele ingeria três ou quatro quilos de sardinhas por semana, o que me custava alguns milhares de pesos por dia, o mesmo que gastava em duas caixas de fósforos e certamente menos que em uma garrafa de cerveja. Em troca, recebia algo de valor incalculável, e minha responsabilidade naquela fase da vida era, sem dúvida, a formação do caráter. Como outras pessoas que conheci em minhas viagens pela América do Sul, Juan Salvado tinha muito pouco, mas me deu demais.

Sua notável personalidade cativava todos que o conheciam. Além de ser um bom ouvinte, envolvia-se nas conversas e respondia às pessoas com a cabeça e os olhos. Chegará o tempo, espero, em que teremos aprendido o suficiente sobre o comportamento animal para percebermos que podem se comunicar uns com os outros e conosco, em um grau bem maior do que imaginamos; e, quando isso acontecer, este ponto da narrativa talvez pareça menos fantasioso. Um dia, acredito, acabaremos por confirmar que muitos animais são capazes de entender e processar as informações e de vivenciar as emoções em um grau de sofisticação bem maior do que imaginamos.

Juan Salvado aprendia as lições com mais rapidez que muitos seres humanos. No dia em que nos conhecemos, o modo com que percebeu que eu não lhe fazia mal quando o limpava e o modo com que mudou subitamente de comportamento, passando a cooperar comigo, revelam que minha maneira de pensar não tem nada de extraordinário.

Após esse primeiro dia, ele mostrou sinais de que não temia nem a mim nem aos outros seres humanos. Pelo contrário, nos adorava. Quando ouvia a algazarra e o bate-papo dos estudantes que perambulavam pelo colégio, ele corria para cima e para baixo no terraço, louco por companhia. Quando ouvia passos na escada, corria ansioso até a porta para receber o convidado no seu terraço. E nunca ficava parado atrás da porta porque sabia, por instinto, que poderia se machucar.

Mas ainda não consigo explicar muitos aspectos do comportamento de Juan Salvado; ele, por exemplo, nunca entrava no campo de rúgbi quando os garotos disputavam uma partida, assim como nunca mais colidiu com os lados da piscina, embora a atravessasse em alta velocidade. Ainda não consigo explicar como é que parecia saber o que estava autorizado a fazer – o que era ou não seguro fazer no reino dos seres humanos. Quando passeava, nunca parecia desligado; quando nadava na piscina, só saía com o último nadador. Para mim, o maior mistério da sua conduta talvez tenha sido a obstinada recusa em me deixar e em nadar mar adentro depois que o limpei pela primeira vez.

Juan Salvado era motivado por algo mais profundo que uma barriga vazia? Claro que sim. Mesmo quando estava empanturrado, a ponto de estourar, saía correndo para saudar a nova companhia que chegava ao terraço. Ele também tinha a necessidade de companheirismo, própria da natureza dos pinguins. Mas, a despeito da companhia humana que estivesse usufruindo, o fiel Juan Salvado sempre corria em minha direção quando eu entrava no terraço. Sempre me escolhia. Sempre se voltava para o meu lado. De muitas maneiras, nosso relacionamento se assemelhava ao de um cão e seu dono, mas certamente ele não se reconhecia no papel de um cão.

Juan Salvado era fonte não apenas de diversão, mas também do bem. Meus colegas muitas vezes nos cumprimentavam imitando o andar de Juan Salvado, surpreendendo o pessoal da região que, naturalmente, tinha muito mais o pé no chão em relação aos pinguins. Segundo os estudantes, a equipe subalterna me chamava de *el loco inglés*, sem que houvesse animosidade no apelido. Era apenas brincadeira e incompreensão. Sem dúvida, eles nunca tinham pensado em pegar um pinguim numa praia ou em interferir no curso natural dos acontecimentos. Tal como os gaúchos das planícies e os indígenas dos Andes, eles tinham uma vida extremamente dura e sem espaço para visitantes. As pessoas que descrevem o esporte gaúcho de matar bovinos como sanguinário ou cruel talvez possam questionar meus argumentos nessa parte essencial da história – mas isso é mais cruel que as persistentes mortandades e desgraças que nossa sociedade "civilizada" inflige e não para de infligir a certos animais, ou a espécies inteiras, com os derramamentos de petróleo, por exemplo? Os gaúchos só matam os animais para se alimentar.

Existe alguma chance de os oceanos do planeta sobreviverem aos danos que lhes infligimos e fingimos não ver? Da mesma forma, graças à inflação, milhões de Marias pagam indiretamente a hipoteca das casas da classe média em Buenos Aires, assim como os pinguins e outros *descamisados* da natureza pagam o custo real de nosso estilo de vida com a única moeda que possuem.

Depois da publicação da inovadora obra *Primavera silenciosa*, de Rachel Carson, em 1962, o número total de seres humanos mais que duplicou. Simultaneamente, um grande número de espécies pelo planeta inteiro, incluindo os pinguins, sofreu declínios populacionais de 80% ou 90%, e agora são considerados "em perigo de extinção", ao passo que outras espécies já estão extintas. A hipótese para o colapso da sociedade humana da Ilha de Páscoa pela degradação causada ao meio ambiente tem sido postulada como modelo para o colapso global malthusiano de todas as nossas espécies.

Nosso estilo de vida atual ilustra a capacidade humana para mudanças significativas em curto tempo, mas, embora sabendo que nosso *modus vivendi* é insustentável, nosso *modus operandi* tem se mostrado incapaz de introduzir medidas necessárias ao equilíbrio entre as populações de animais selvagens, que dirá recuperá-las. O que parece inegável é que, se o banco de *descamisados* da natureza se tornar insolvente, nem todo dinheiro do mundo poderá salvar a raça humana.

Mas o legado de Juan Salvador precisa ser de esperança e não de desespero. Quando vivo, ele trouxe alegria e otimismo para muitas almas humanas em tempos de angústia e aflição, e, desde então, tenho sido iluminado pelas lições ensinadas por Juan Salvador – um pinguim como nenhum outro.

Epílogo
Quando um novo pinguim ensina uma lição

A busca por fotografias de Juan Salvado me fez vasculhar velhas caixas marcadas com a frase "Argentina – para organizar" que definharam por décadas a fio nos fundos da garagem. Grande parte das fotos se perdera na pequena inundação doméstica de anos anteriores, mas achei que algumas poderiam estar dentro de uma das caixas. Foi então, com espanto, que topei com rolos de filmes domésticos aos que nunca tinha assistido. Nunca. Na verdade, já tinha até esquecido que estavam lá. Eu os tinha enviado da América do Sul para serem processados na Inglaterra, e mamãe os tinha armazenado até meu regresso para casa. Mas o fato é que retornei sem dinheiro para pagar um projetor e, quando ganhei mais dinheiro, o vídeo tinha substituído os rolos, que permaneceram inativos e lentamente desapareceram de minha mente. Foi um momento instigante. Quando é que eu tinha comprado a filmadora? Quebrei a cabeça. Será que tinha filmado o pinguim?

Uma busca na internet localizou os serviços de um cavalheiro aposentado muito simpático que residia próximo ao mar, perto de nossa casa. Ele abriu a porta da frente em resposta às minhas batidas e mostrou um verdadeiro museu de equipamentos de gravação. Eram caminhos estreitos tecidos por entre prateleiras do piso ao teto repletas de instrumentos inimagináveis, inventados para imortalizar paisagens fugazes e sonoridades. Lindas engenhocas de bronze montadas em bases de mogno polido e ladeadas de caixas metálicas, com muitos botões e outros controles. Embora tivesse de se espremer para se movimentar, restava-lhe espaço para gerir seu império.

– Não há nenhum tipo de gravação feita pelo homem que não se possa transformar, dos hieróglifos ao HD – gabou-se. – Isto aqui foi feito em 1896! – Ele acariciou um dispositivo. Em outras circunstâncias, o entusiasmo contagiante daquele senhor teria me encantado, mas aquele dia era diferente.

Entreguei-lhe a coleção de rolos, cada qual com três minutos de filme, e concordei em voltar naquele mesmo dia. Fui de carro até minha casa, e minha imaginação me fez passar uma tarde desconfortável, como os pais ansiosos de outros tempos, quando não podiam participar do parto.

– Como estão? – perguntei quando regressei, fazendo de tudo para reprimir a emoção.

– Estariam em melhor estado se tivesse trazido para mim alguns anos atrás – ele observou, solícito. – Estão em frangalhos.

Meu coração despencou.

– Não sobrou nada deles? – Eu já temia o pior.

– Estão muito granulados, mas a maior parte do conteúdo está preservada.

Fiquei com a respiração presa enquanto recuperava a excitação. Será que Juan Salvado estaria lá?

– Alguns pinguins? – aventurei-me cautelosamente, como se com medo de espantá-los.

– Pinguins? Não vi pinguim nenhum, mas vi uma tomada fantástica de leões-marinhos.

Foi grande a minha decepção, embora só tivesse me convencido a comprar a filmadora após a era Juan Salvador, o pinguim.

Minha esposa e eu assistimos ao DVD assim que cheguei em casa. Foi surpreendentemente comovente reencontrar pessoas e lugares de quase 40 anos antes: montanhas, lagos, desertos, lhamas, condores e leões-marinhos, desde os trópicos até a ponta da América do Sul. Tudo captado em muitas cores e detalhes. Nomes esquecidos de metade de um mundo e metade de uma vida longínqua saltaram sem hesitar de meus lábios, trazendo junto um inevitável dilúvio de emoções.

Foi um momento agridoce. A alegria de encontrar tantas cenas naqueles filmes tornou a perda das fotos de Juan Salvado ainda mais dolorosa.

Pela segunda vez em poucos dias, eu me permitira acreditar que meu compadre poderia estar escondido naqueles quadros esquecidos, como se dormindo, apenas passando o tempo, aguardando o momento para irromper outra vez em minha vida. Mas, à medida que o DVD seguia inexoravelmente para o fim, sentia-me traído para sempre. Fiquei frustrado pelos momentos insignificantes que piscaram na tela da TV frente aos nossos olhos: um dia de esportes no colégio, um rebanho de lhamas, uma praça da cidade, onde amigos sorridentes levantavam copos de cerveja e de vinho, desperdiçando aqueles valiosos segundos. Nem mesmo os leões-marinhos me consolaram.

Embora feliz pelas memórias preciosas às quais acabávamos de assistir, eu as trocaria de bom grado por uma única cena com Juan Salvado.

Mas em seguida...

– Veja! – gritei e pulei da poltrona para me aproximar da tela. – Ele está ali. Até que enfim, ele *está* ali. Oh, veja. Meu caro e velho amigo, finalmente nos reencontramos.

Lá estava o pinguim na piscina, exatamente como me lembrava dele. Durante os gloriosos, maravilhosos e felizes 2 minutos e 17 segundos seguintes, Juan Salvado e eu nos reencontramos. Assisti ao final em silêncio; sem conseguir falar. Não restava mais nada do pinguim. Como pude ter sido tão negligente a ponto de deixar passar tanto tempo para assistir àqueles filmes? Eu o arrancara da memória por tantos anos, mas de repente o epônimo Juan Salvador das infindáveis histórias de ninar que Michell contava para a família podia ser visto em carne e osso; os encantadores volteios da cabeça, o bater das asas e os meneios do rabinho que o impeliam pela água da piscina como um motor de popa, e que minhas prosaicas palavras nunca eram capazes de captar, finalmente se imortalizavam. Juan Salvado esperara pacientemente por mim aquele tempo todo.

Aquelas imagens tremidas eram bem melhores que qualquer outra coisa desejada, pois o exibiam na piscina em plena saúde; as penas brilhantes e brancas reluziam ao sol – após a muda, não mostravam mais vestígios do óleo ou do calvário vivido na costa uruguaia. Em seguida, ele aparecia interagindo com os meninos, saindo da piscina e colocando-se de pé no centro de um grupo de 12 jovens de 18 anos. Aquele carismático pinguim era o foco da atenção geral enquanto examinava as penas e se enxugava sob os raios do sol; embora muito mais baixo que os outros, um estranho cálculo de medida o deixava com uma estatura em pé de igualdade com todos.

Após as revelações do DVD, rapidamente copiei o vídeo e enviei o arquivo por e-mail a meus filhos, particularmente o que estava vivendo na Índia e, portanto, quase tão longe de casa como eu quando conheci Juan Salvador. E, ato contínuo, pesquisei os voos para a Argentina.

Algumas horas depois de ter decidido por uma viagem de retorno, senti imensa euforia quando as rodas do avião pousaram na pista em Buenos Aires. Enfim, de volta à América do Sul. Minha estadia naquele país durante a década de 1970 tinha sido de grande importância em minha vida adulta, sobretudo pelas experiências significativas e diferentes de tudo que tinha vivido antes, de modo que depois me senti apreensivo em relação ao que o destino me reservava. Ao desembarcar, senti novamente a suave carícia do ar quente e seco, e respirei fundo na expectativa do que estaria à frente. Ao tocar os pés no chão, roguei ao destino que me propiciasse novos deleites e realizações. Celebramos os poetas, porque, em momentos como esses, eles falam bem melhor que nós, e acho que talvez ninguém tenha apreendido a essência de uma aventura melhor que Tolkien.

> *A Estrada segue bem,*
> *Do lugar de partir*
> *Até muito além.*
> *E eu devo seguir*
> *Com meus pés viajantes*
> *Até que chegue à principal*
> *Onde trilhas e passantes*
> *Perseguem seu rumo final.*

Fui tomado por um nervosismo irracional quando entrei na fila de verificação de passaporte, até porque era impossível não recordar vividamente o momento em que entrara no país com um pinguim contrabandeado e muito menos suprimir a emoção que acabou por acelerar minha frequência cardíaca. Em seguida, estava à frente de um oficial rabugento que logo se mostrou afável quando percebeu a cadência argentina do meu enferrujado espanhol enquanto conversávamos sobre as razões de minha visita, e ainda me desejou uma estadia agradável. Foi quase como se estivesse de volta à casa.

Quanta mudança, claro. Os engraxates tinham desaparecido nas brumas do tempo. A cidade estava regenerada, especialmente ao redor das docas, agora com surpreendentes edifícios do século XXI, e nos armazéns portuários, agora restaurados e convertidos em aprazíveis escritórios e apartamentos. Com a limpeza da terra poluída e das vias navegáveis, emergiu uma crescente reserva natural no lugar. Mas fui golpeado por uma onda nostálgica quando passeei pelas ruas de minhas lembranças. Buenos Aires, uma cidade sempre fascinante, com a eclética mistura de uma arquitetura inspirada nos estilos clássicos europeus, num extremo, e a atmosfera gaudiana de La Boca – área residencial dos imigrantes pobres –, com coloridas casas construídas em tábuas de madeira e placas de ferro, noutro. A cidade não perdera em nada o encanto sedutor e a energia vibrante.

A política estava no ar, e a proximidade das eleições inundava a cidade de cartazes. Não me surpreendeu que as duas imponentes estátuas da icônica Eva Perón ainda dominassem a imensa avenida 9 de julho, uma artéria de 20 pistas que flui do coração da capital. Expostas nos lados opostos do grandioso prédio que, no passado, era o Ministério do Trabalho, a imagem de Eva ao microfone remete sugestivamente o espectador à antena de rádio no telhado.

Ninguém pode duvidar da importância dessa extraordinária mulher na história desse grande país. Essas estátuas são mais que simples monumentos do patrimônio. Pôsteres e cartões-postais de Eva destacavam-se nas centenas de pequenos quiosques que vendem doces, tabacos, jornais e periódicos por toda Buenos Aires, mas é realmente difícil avaliar o legado que ela deixou. Cada pessoa interrogada emitia uma opinião diferente.

Para meu grande prazer, os vinhos argentinos tinham melhorado de qualidade, a ponto de se equipararem aos melhores do mundo. E os alimentos continuavam tão maravilhosos quanto me lembrava. A meu ver, come-se melhor nesse país que em qualquer outro lugar no planeta, e, curiosamente, poucas pessoas mostravam-se significativamente acima do peso, o que também me fez pensar muito.

O tráfego agora seguia as placas de trânsito e os sinais luminosos de maneira ordenada, e os pedestres podiam utilizar os cruzamentos com segurança, mas ainda existiam muitos trens antigos, utilitários, e sem conforto algum. Com a passagem a menos de 2 pesos por 1,5 quilômetro, somada à antiga alegria de uma escapada baratinha, ansiei por mais uma viagem em busca de aventura e liberdade. Mas, com um tempo limitado, só explorei os velhos fantasmas da região, ainda familiares apesar do passar das décadas. O ranger e o sacolejar do trem me fizeram lembrar daquela velha melodia com carinho. Após uma breve viagem, a conhecida solidez vitoriana da estação de Quilmes surgiu à vista, e perguntei-me quantas vezes tinha saltado naquele mesmo lugar. Em meio à novidade do congestionamento e da agitação da cidade, cheguei a duvidar de que poderia encontrar o antigo caminho até o colégio, mas o automatismo entrou em ação e, em menos de 20 minutos, cheguei em frente aos portões.

Minha visita ao St. George incluiu algumas obras recentes e impressionantes; se não fosse por isso, seria possível dizer que o colégio permanecia essencialmente inalterado. Fiz uma pausa enquanto olhava para o terraço, onde um dia passara grande parte do tempo, e me lembrei do olhar que Juan Salvado me lançou quando mencionei que escreveria um livro sobre ele. *"Ora, por que demorou tanto?"* Eu o ouvi dizendo: *"Amigo mio... por que demorou tanto para voltar?"*

Não era um trem, mas sim um soberbo ônibus de dois andares (sem vestígios de decoração individual ou de amuletos) dentro do qual cantarolei ao longo das novas autoestradas que seguiam de Buenos Aires em direção a San Clemente, cidade a 320 quilômetros da capital, cujo centro da vida marinha me fizera um cordial convite. Ao terminar a escuridão da noite, irrompeu um sol deslumbrante no horizonte, aurora de um novo dia que projetava sombras de extensão infinita ao longo da paisagem perfeita e plana, a quintessência de La Pampa. Embora, nesse momento, não houvesse lugar para a moto de minha juventude, as muitas motos à vista me despertaram olhares invejosos e até mesmo lascivos.

Cinco horas depois, me encontrava no parque, ciceroneado por Andrea, neta de David Méndez, o fundador do centro.

Fiquei sabendo que, quase na mesma época em que encontrei Juan Salvado no Uruguai, David Méndez, que além de aposentado era proprietário de um camping à beira-mar, se deparara com um grande número de pinguins em outra praia na Argentina, igualmente devastados pelo vazamento de óleo. Ele também resgatara alguns e os limpara em sua casa, com êxito.

A notícia do sucesso de David na devolução dos pinguins ao mar espalhou-se na região, e o projeto cresceu à medida que outros pinguins prejudicados eram levados para receber tratamento ou registro de paradeiro do incansável aposentado. A obra expandiu-se e passou a incluir leões-marinhos e golfinhos igualmente afetados pelo óleo e poluição das águas. Em pouco tempo, surgiram voluntários para apoiar o esforço e, em 1979, fundou-se o Mundo Marino em terras recém-adquiridas, de cerca de cem acres. Hoje, ele possui o maior aquário marinho do hemisfério sul. Claro que, da mesma forma que, naquela época, eu não fazia ideia do trabalho inicial de David Méndez, ainda limitado à casa dele em San Clemente, ele também não tinha nenhuma chance de saber sobre meu resgate de Juan Salvado.

Desde então, a equipe do Mundo Marino especializou-se no resgate de animais marinhos atingidos pela poluição que, deplorável e indesculpavelmente, ainda devasta a vida selvagem em todo o mundo. Com um envolvimento de 40 anos nesse tipo de trabalho, os funcionários do Centro são mundialmente reconhecidos como autoridades na reabilitação de animais danificados por catástrofes ambientais, de modo que estão prontos para responder aos pedidos de ajuda em qualquer lugar ou momento em que os acidentes ocorram. Desde 1987, quando iniciou a catalogação de registros, resgataram mais de 2.500 pinguins, dos quais cerca de três quartos tinham sido vítimas da poluição por óleo.

Fiquei em êxtase com o privilégio de poder entrar no compartimento dos pinguins. Sob um enorme dossel, talvez uns cem pinguins-de-magalhães se comportavam tal como os tinha visto nos confins de Punta Tombo. Isso me encheu de alegria. Se houvesse instalações como aquelas no jardim zoológico de Buenos Aires, sem dúvida teria deixado Juan Salvado naquele espaço.

Agarrei a oportunidade quando a equipe me entregou um recipiente com peixes para alimentar os pinguins. Fazia muito tempo que não alimentava um pinguim – o meu pinguim –, e não pude ignorar o nó em minha garganta. Os peixes eram bem maiores que as pequenas sardinhas compradas no mercado de Quilmes; no entanto, exatamente como fazia com Juan Salvado, segurei um peixe pelo rabo e o estendi tentadoramente para o pinguim mais próximo de mim. Ele pareceu não entender o gesto, e um dos tratadores ensinou-me uma técnica na qual se apoiava a cabeça do pinguim na palma da mão e, ao mesmo tempo, se segurava o bico com o polegar e o dedo indicador. Dessa maneira, às cegas, o pinguim começou a bater o bico para se alimentar e pegou o peixe estendido. Era uma técnica bem mais complicada e demorada que a simples e óbvia técnica que usávamos com Juan Salvado. Fiquei intrigado e perguntei como tinha surgido.

Acabei perdendo a concentração durante a cuidadosa explicação do tratador sobre como os recém-chegados precisavam ser alimentados à força, tal como ocorrera com Juan Salvado, até que eles se acostumassem com a alimentação na água. De repente, um pinguim se destacou na multidão de aves monocromáticas. Com extravagantes e luxuriantes sobrancelhas, junto a olhos e bico alaranjados, o solitário pinguim-saltador-da-rocha mostrou que era impossível continuar anônimo entre os outros. Sem nenhuma razão óbvia para mim, ele abriu caminho abruptamente por entre o amontoado de pinguins e veio em minha direção, como se estivesse numa missão de suprema importância. E depois pulou para cima de uma grande rocha convenientemente situada e olhou com ar de súplica para mim, como se dizendo, *"Você pode coçar minha barriga, por favor?"*. Claro, o obséquio me deixaria muito feliz, de modo que me inclinei e delicadamente cocei o peito dele. Claro, ele se sentiu e reagiu exatamente como Juan Salvado, pressionando o corpo contra meus dedos e olhando direto em meus olhos.

Segundo o que ouvi do tratador, ele era o único pinguim-saltador-da-rocha de um grupo de aves capturadas; embora estivesse totalmente reabilitado, não poderia ser solto até que outro da mesma espécie fosse resgatado e reabilitado para ser solto junto.

– Você não pode liberar pinguins, deixando-os por conta própria – acrescentou o tratador. – Eles são como os leões-marinhos, simplesmente se recusam a partir sem a companhia de outro da mesma espécie.

Que revelação! De repente, depois de me perguntar durante aqueles anos por que Juan Salvado se recusara terminantemente a me deixar naquela praia em Punta del Este, finalmente recebia uma resposta satisfatória. Que alívio! Não tinha nada a ver com penas molhadas, e tudo a ver com a psicologia fundamental dos pinguins. Um imenso sorriso abriu-se em meu rosto; finalmente, paz de espírito, encaixava-se a última peça do quebra-cabeça. Quão estranha pode ser a coincidência. Se aquele pinguim-saltador-da-rocha não estivesse naquele lugar, se nossos caminhos não tivessem se encontrado, eu jamais teria encontrado a última peça do quebra-cabeça. Mas que triste para aquele pinguim em particular, um prisioneiro sem cercas, porém limitado pelo próprio instinto. Isso até que um novo desastre levasse outro pinguim-saltador-da-rocha – ferido ou envenenado – para o Mundo Marino.

De repente, pensando em meu compadre Juan Salvado, cheguei à conclusão de que os pinguins-de-magalhães eram os mais bonitos e distintos da espécie biológica *Spheniscidae*, ao passo que os saltadores-da-rocha – amalucados, espalhafatosos e teatralmente "fascinadores" com seus penteados espetados – eram os representantes da má reputação, da boemia, do lado punk da família. Contudo, acariciando aquela pequena ave, percebi, como muitas vezes antes, que meus preconceitos estavam fundados apenas em aparências. Pois o pequeno pinguim-saltador-da-rocha comprimia o corpo contra minha mão, observando-me primeiro com um olho e depois com o outro, exatamente como Juan Salvado fazia. E também o observei com a mesma intensidade: pés emplumados, requintada plumagem e olhos como límpidas piscinas em âmbar de insondável profundidade. Fiquei encantado com aquela bela e sedutora criatura.

E, naquele momento, me dei conta, sem a menor sombra de dúvida, de que, com um bom vento, uma mochila e um pouco de sorte, sem nenhuma hesitação, me lançaria mais uma vez em outra aventura sul-americana – com um pinguim!

Agradecimentos

Tenho uma dívida de gratidão com muitas pessoas pelo apoio, incentivo e assistência que me deram para contar a história de Juan Salvador, o pinguim. Com Jessica Leeke, da Penguin Random House, que sempre defendeu a causa, com Laura Warner, que nos "descobriu", e com Karen Whitlock, minha editora de texto. Fiquei muito feliz com tudo que esses qualificados e dedicados profissionais fizeram. Com Mike Tate, ex-jornalista do *The Times*, homem de letras e amigo leal. Com minha mãe, que cuidadosamente arquivou tudo que mandei para casa; e, acima de tudo, com minha maravilhosa esposa e com meus filhos, sem os quais nunca teria pegado a caneta. Muito obrigado.

Este livro foi impresso na Intergraf Ind. Gráfica Eireli.
Rua André Rosa Coppini, 90 – São Bernardo do Campo – SP
para a Editora Rocco Ltda.